中小企業経営に生かす CSR・SDGs

－持続可能な調達の潮流とCSR経営－

一般財団法人 商工総合研究所
SHOKO RESEARCH INSTITUTE

はじめに

　当研究所が２０１３年に『これからのＣＳＲと中小企業』を刊行して以来、７年が経過しました。この間、ＣＳＲ（企業の社会的責任）が引き続き国際的な課題となる中で、ＳＤＧｓ（持続可能な開発目標）が２０１５年に国連で採択され注目が集まっています。ＳＤＧｓは17の目標と１６９のターゲットで構成され、企業がＣＳＲに取り組むにあたっての目安となるものです。

　中小企業のＣＳＲ・ＳＤＧｓに目を向けますと、近年大きな変化がみられます。第１に、グローバルに活動する大企業において「持続可能な調達」が広がる中、中小サプライヤーにもＣＳＲ・ＳＤＧｓへの取り組みが求められるようになっています。第２に、経営と一体化させてＣＳＲ・ＳＤＧｓに取り組む先進的な中小企業の登場です。第３に、行政・公的機関など様々なステークホルダーがこうした中小企業を支援する体制を整備する動きがみられています。

　このような動きに合わせて、本書の構成は次の通りとしました。序章ではＣＳＲおよびＳＤＧｓに関する基本的事項をまとめました。第１章では「持続可能な調達」を推進する大企業と、これに協力してＣＳＲ・ＳＤＧｓに取り組む中小サプライヤーの動向、第２章では政府が主催する「ジャパンＳＤＧｓアワード」を受賞した先進的中小企業がどのようにＣＳＲ・ＳＤＧｓに取り組んでいるのか、第３章では中小企業のＣＳＲ・ＳＤＧｓに対する行政・公的機関など様々なステークホルダーによる支援について紹介しました。次いで、補章では中小企業のＣＳＲ・ＳＤＧｓを巡る様々な課題を取り上げ、終章では全体を要約した後にＣＳＲ・ＳＤＧｓの普及のための留意点を、中小企業を支援するステークホルダーと中小企業の両サイドから述べています。

ＣＳＲ・ＳＤＧｓは、単なる慈善活動ではなく、経営の高度化のため積極的に取り組むべき課題です。本書にはＣＳＲ・ＳＤＧｓを巡る国内外の最新の情報と中小企業だけでなく様々な形態のステークホルダーの事例を多数収録しました。中小企業の皆様がＣＳＲ・ＳＤＧｓを経営に生かすヒントを得るとともに、研究者・政策担当者及び多様なステークホルダーの方々が、中小企業が取り組むＣＳＲ・ＳＤＧｓの意義と課題に対する理解を深めていただければ幸いです。

本書の執筆にあたっては、インタビューを受けていただいた皆様をはじめ、多くの方々にご協力をいただきました。心よりお礼申し上げます。

２０２０年１月

一般財団法人　商工総合研究所
理事長　江崎　格

目次

目次

目次

目次

序章

なぜ中小企業がCSR・SDGsに取り組むのか

本章では、CSRおよびSDGsについて全体像を明らかにする。先ず、CSR・SDGsが注目される背景としてグローバル化の進展などがあることに触れ、CSRに関して目的、理念、ソーシャルビジネスとの関係などについて幅広く言及する。また、CSRの普及に向けては、ISO26000などの規格・規範等の役割が大きいことや、多様なステークホルダーが連携して課題に取り組む「マルチステークホルダー・アプローチ」が重要であることを述べる。

次に、SDGsについて、その基本理念および国内外の情勢を詳しく述べ、CSRとの関連ではSDGsは企業がCSRに取り組むにあたっての目安になることを示す。また、中小企業とCSRの関わりについては、日本には「三方よし」のようなCSR観の源流ともいえる思想があること、中小企業の組織の仕組みはCSRに取り組みやすいこと、中小企業の認知度・経営理念との関連など、国内中小企業のCSRの状況を概観する。

最後に、グローバル企業による持続可能な調達の広がりなど、中小企業のCSR・SDGsを巡る環境の変化について言及する。

❶ CSR・SDGsとは何か

(1) 注目される背景

①グローバリゼーションとNGOsの台頭

経済のグローバリゼーションのキー・プレーヤーである多国籍企業は、発展途上国において低廉な労働力を用いて現地生産を行い、あるいは現地のサプライヤーから財・サービスを購入している。ただ、こうした生産・購入活動の過程で、現地の法律や行政機構が十分に整備されていないことなどから、児童労働・強制労働などの人権侵害や環境破壊が現地の工場・サプライヤーで行われ、一部で大きな問題となった。

１９９０年代以降、このような多国籍企業の不適切な行為に関する情報は、それ以前に比べて格段に安価かつ迅速に世界中に流布するようになった。これは、人権問題等に取り組む非政府組織（ＮＧＯs）が、インターネット経由で情報を発信しているためである。そうした企業に対する製品・サービスの不買運動や投資の引き揚げに至るケースもあり、特に消費者向けの製・商品、サービスを扱う多国籍企業（主に、株式公開企業）では、定期的にＮＧＯs等の意見を聴取し、事業活動に反映させるケースが増えている。

②企業不祥事の続発

２０００年代初頭に世界各国で企業の不祥事、あるいは不適切な行為が発覚したこともあり、社会からの企業に対する監視の目が強まる結果となった。企業の側でも社会に対する責任、特にコンプライアンス（法令遵守）を従来以上に意識しなければならなくなった。日本においても、同じ時期に、自動車メーカーのリコール隠しや乳製品メーカーの食中毒事件など、消費者に被害を及ぼす不祥事が続発していたこともあり、ＣＳＲの一環としてのコンプライアンスに対する認識が高まった。

③財政制約に伴う官民連携

主要先進国では財政収支が赤字で推移している国が珍しくなく、かつてに比べて政府部門が社会課題の解決に必要な対策を迅速かつ十分に講じることが難しくなっている。このため、こうした問題の解決に対する企業部門への期待が、ＮＧＯｓなどの市民社会組織（ＣＳＯｓ）の間で高まった。政府部門も財政の制約に伴う自身の能力の限界を自覚し、ＣＳＯｓ等が持つ民間活力の導入によって社会課題を解決しようとの志向を有するようになった。

こうした官（政府）と民（ＣＳＯｓ）の意識から、多様なステークホルダーが連携して企業にＣＳＲへの取り組みを求める、あるいは支援すると言うアプローチが普及してきた（後述）。

(2) CSR（企業の社会的責任）とは何か

端的にいうと、ＣＳＲ（Corporate Social Responsibility：企業の社会的責任）は、「法令遵

守に基づいた事業活動により経済的な収益を確保することにとどまらず、地球環境の保全や地域社会と企業を取り巻くステークホルダーへの貢献にも配慮することも、企業が負うべき責任であるとの考え」、あるいは「そうした考えに基づく持続可能な開発に寄与する活動・取り組み」である。以下では、CSRに関して多面的に解説する。

①CSRの目的ー持続可能な開発

CSRの根本的な目的は「sustainable development」の実現である。これは「持続可能な開発」（あるいは「持続可能な発展」）と訳される。1972年の国連人間環境会議での人間環境宣言の中に「更新できる重要な資源を生み出す地球の能力は維持され、可能な限り回復または向上されなければならない」とのメッセージがあり「持続可能な開発」の概念の萌芽がみられる。

その後、1982年にUNEP（国連環境計画）で「持続的な社会経済の発展」という言葉が宣言に取り入れられた。1984年には、国連が「環境と開発に関する世界委員会」を設置し、1987年の最終報告書「Our Common Future（我々が共有する未来）」の中で「持続可能な開発」がキーワードとされた。その後、1992年の「地球サミット」などを経て「持続可能な開発」が地球環境問題に関する中核的な概念となった。

このように、「持続可能な開発」「持続可能な発展」の概念は、環境問題が将来地球に致命的なダメージを与えかねないとの危機感から生まれた。また、その背後には途上国の社会課題である貧困があることから、地球環境とともに世界経済の開発・発展を「持続的」なものにするとの概念に進化した。さらに、欧州で失業問題が深刻化していたことも加わり、社会課題の解決も「持続可能な開発」に不可欠であるとの認識が高まった。こうして、「持続可能な開発」は「環境と社会にダメージを与えずに経済の開発・発展を実現する」という包括的な概念になると同時に、企業が「持続可能な開発」に責任を負う主要なプレーヤーとみなされるようになった。

②CSRの理念ートリプルボトムライン

「持続可能な開発」を企業レベルで具体化した理念が「トリプルボトムライン」である。「トリプルボトムライン」とは、企業活動を「経済」のみならず、「環境」「社会」を加えた三つの面からバランスよく評価し、各側面を向上しようとの考え方である。「ボトムライン」とは、通常は会計上の「最終利益」、つまり経済的な業績を意味する。CSRに関連する文脈では、企業には①経済面だけでなく、②環境面、③社会面の業績も求められ、「3つの面での業績」という意味で、「トリプルボトムライン」という用語が用いられており、現在のCSRに関する中核的な理念となっている。

③CSRの重点ーステークホルダーの利害の尊重

CSRを論じる、あるいはCSRに取り組む上で「ステークホルダー（利害関係者）」は企業の内・外部に存在し、企業の活動から「影響を受ける」、あるいは企業活動への支援・要請を行うことにより「影響を及ぼす」存在である。代表例としては、従業員（とその代表としての労働組合）、販売先（大企業や消費者）、仕入先（サプライヤー）、資金拠出者（出資者や金融機関等の債権者）、自治体・地域経済団体、業界団体、人権団体・消費者団体・環境保護団体のようなＮＧＯｓなどがある。ＣＳＲに取り組む企業には、自社にとって重要なステークホルダーを認識し、対話等のコミュニケーションによって、その意見・利害を尊重する必要があると考えられている。

④ソーシャルビジネスとＣＳＲ

２０００年代初頭以降、日本でもＣＳＲにとって重要なテーマである環境保護を含む社会課題の解決に取り組むソーシャルビジネス（Social Business）に注目が集まりつつある。[1] これは、「利益よりも社会課題の緩和・解消に重点を置き活動を行う民間の事業体、あるいはその活動自体」を意味している。[2] 日本では、事業体としてのソーシャルビジネスは株式会社だけでなく特定非営利法人のような形態の法人格を使用することが多い。事業体としてのソーシャルビジネスは、国内外の地域社会で環境保護やその地域社会の様々な課題の緩和・解消を主眼とする活動を経済性にも配慮して「ビジネス」として行っており、その規模は一般的な中小企業と概ね同じであることが多い。一方、中小企業でも社会課題への対応に重点を置くこともあり、ＣＳＲに熱心な中小企業と事業体としてのソーシャルビジネスには類似性があり、両者を明確に区分する基準を決めることは困難である。

ソーシャルビジネスが供給する財・サービスは社会にとって有益であるが、その価値の金額換算は難しい。この結果、ソーシャルビジネスの収益性は一般的な企業よりも低くなりがちである。

このため、殆どの場合、ソーシャルビジネスの持続性の維持・向上には、①行政と金融機関等の連携による資金調達の枠組み、②公的な補助・税制優遇等、③公共部門でのCSR調達（後述）、④経営者のマネジメントスキルの向上、等の支援が必要となるとOECD（経済協力開発機構）は指摘している。

このような支援を行う主たるステークホルダーは政府・自治体等の公的機関であるが、非営利組織等が関与することも少なくなく、その他の多様なステークホルダーも協働することが有効と認識されている。[3]このような認識は中小企業が取り組むCSRへの支援についても当てはまる。

⑤CSR経営

株式を公開している多くの大企業は株主に対する配当の原資となる「利益の最大化」を基本的目的としているが、本業を通じてトリプルボトムラインの実現に取り組んでいる。加えて、慈善団体への寄付や学校教育への協力といった短期的・直接的には利益との関係が見えにくい取り組みもCSRの一環として行っている。これらのCSRは、長い目で見ると、多くのステークホルダーからの信頼の獲得につながりブランディングに寄与するとともに、自社の従業員の動機づけ等の効果を発揮することが期待されている。このようにCSRを一体化して長期的・安定的に利益の拡大を目指す経営のスタイルは「CSR経営」と呼ばれ、現在多くの大企業が標榜している。

⑥本書でのCSRの定義

CSRに取り組むにあたって重要なのは、第一に「トリプルボトムラインのバランスをとった企業経営」であり、第二に、「出資者だけでなく、多様なステークホルダーの利害を尊重・考慮すること」と考えられている。なお、当然のことであるが、法令の遵守はCSRの前提である。以上から、本書ではCSRを「持続可能な開発の実現に寄与するように、法令遵守に基づいた事業活動により経済的な収益を確保することにとどまらず、地球環境の保全や地域社会と企業を取り巻くステークホルダーへの貢献にも配慮することも企業が負うべき責任であるとの考え、あるいはそうした考えに基づく活動・取り組み」として定義する。

(3) CSRを促すツール

①CSRに関する規格・規範等と法規制

CSRは基本的には拘束力のある「法的責任」ではない。法令遵守を当然のこととして含むものの、拘束力のある法令によって要求される最低水準を超えて企業が環境・社会に貢献することに対する「倫理的な責任」である。そこで、CSRの実効性確保の方策として、法的拘束力はないが、自社のブランド価値や納入先との取引関係を維持するために関係者が遵守する各種の規格・規則・行動規範等が開発・運用されている。

CSRに関する規格の代表例が国際標準化機構(ISO)により2010年に発行されたISO26000(社会的責任:SR)であり、政府を除くあらゆる形態の「組織」を対象としている。[4]ISO26000のような業種横断的な規格の他に、特定の生産物・業種に特化した規格・規範も多数開発・運用されている。[5]

これらの規格等の基本的な枠組みは概ね類似している。ＩＳＯ２６０００を例にとると、企業が規格等に準拠するプロセスは、（a）ステークホルダーの特定、（b）イシューの決定、（c）取るべき行動の検討、（d）行動の企業経営全体への統合（一体化）、（e）ステークホルダーと共同で行う成果の評価である。このプロセスを通じて実質的なＰＤＣＡサイクルを繰り返し、継続的にＣＳＲの水準を引き上げることが想定されている。ここでの「イシュー」はＣＳＲとして取り組むテーマを意味し、例えば「環境」や「人権」の保護といった中核主題が大項目となっている。[6]「環境」には「汚染の防止」、「持続可能な資源の利用」、「気候変動の緩和」等の中項目のイシューがあり、中項目がさらに多数の小項目のイシューに細分化されている。また、各プロセスでの判断は、企業の「事業に対するマテリアリティ（重要性）」と事業から生じる「社会にとってのマテリアリティ」の比較考量を基にして行われる。

ただ、規格・規範等だけでは、通常、特定の企業や業種にしか影響を及ぼせない。このため、国だけでなく世界的なレベルで、近年、重要なイシューの最低水準を引き上げる国際的協定・法令の制定が目立っている。例えば、環境保護の見地から最も重要性の高いイシューである地球温暖化の抑制に関して、パリ協定（２０１５年）が国連で採択され、１９６ヵ国での温室効果ガス（例：二酸化炭素（CO_2））削減の目標設定が決まった。

また、海外では、途上国での人権保護のために、海外で生産・調達活動を行う国内企業を対象とする「現代奴隷法」（英国：２０１５年）や「人権デュー・ディリジェンス法」（フランス：２０１７年）が制定された。これらの規制によって、グローバルに調達・生産活動を行う大規模上場会社はサプライチェーン全体での人権侵害の有無に関する調査と報告（人権デュー・ディリジェンス）[7]を義務付けられた。このため、ブランド価値の低下を恐れる上場会社は自社のサプライチェーンでの人権侵害を是正するように動機づけられている。

②持続可能な金融と非財務報告

１９９０年代以降、欧米先進国では環境や社会にとって不適切な行動をとる企業への投資を抑制し、ＣＳＲに積極的な企業への投資を促進することによって、環境・社会面の課題を改善するとの考え方が広がりつつある。これが社会的責任投資（ＳＲＩ）の基本的理念であり、ＳＲＩ格付機関による格付の公表やＳＲＩファンドの増加などを背景に、ＳＲＩを通じて株式公開会社でＣＳＲの普及が進んだ。その後、ＳＲＩと同様にＣＳＲへの取り組みを企業に促すＥＳＧ投資が世界的に拡大している。これは、「環境（Ｅ：Enviornment）」、「社会（Ｓ：Society）」、「ガバナンス（Ｇ：Governance）」の三要素を評価する投資であり、各要素は「トリプルボトムライン」に対応している。ＥＳＧ投資のような持続可能な開発を促す金融は「持続可能な金融（Sustainable Finance）」と呼ばれ、日本でも年金積立金管理運用独立行政法人（ＧＰＩＦ）が２０１７年からＥＳＧ投資を本格化した。このようなＥＳＧ投資を契機として日本でも主に直接金融の分野で持続可能な金融が広がる可能性が高まっている。

ＥＳＧ投資の対象企業を投資家等がモニタリングする手段が「非財務報告」である。現状では、ＮＧＯであるＧＲＩが作成した「ＧＲＩサステナビリティ・レポーティング・スタンダード」（現在は第4版、略称はＧ４）に準拠して多くのグローバル企業がＣＳＲに関する非財務報告を公表している。[8] Ｇ４は企業が自発的に準拠する一種の規格・規範である。また、地球環境保護の見地から温室効果ガスの排出削減が課題となっており、企業に非財務報告として温室効果ガス排出量の開示を求める法令が英国で発効しており、ＥＵでも法制化が進みつつある。

英国の状況についてやや詳しく述べると、大規模公開会社等に対して「スコープ１（直接排出量：自社の工場・オフィス・車両など）」および「スコープ２（エネルギー起源間接排出量：電力など自社で消費したエネルギー）」の開示を義務付けており、「スコープ３（その他の間接排出量）」の開示は任意とされている。しかし、環境保護に積極的であることを投資家や消費者に示すために、スコープ１から３までの全範囲、即ちサプライチェーン全体の排出量を開示するグローバル企業が増加しつつある。ただ、スコープ３の排出量の把握には膨大な情報が必要なため、実際には自社の１次サプライヤーなど、サプライチェーンで自社に近い企業の排出量に限定して開示する、あるいは、一定の仮定に基づく指針に準拠してサプライチェーンの上流に位置する企業の排出量を算出・開示する企業が多いとみられる。

③多様なステークホルダーとの連携

「持続可能な開発」を実現するためには、政府だけが公共サービスを提供することや、企業だけがＣＳＲを行うのでは不十分であり、ＣＳＯｓ等を含む多様なステークホルダーが社会的責任を果たすことが必要であるとの考え方が台頭した。

こうした考え方に基づき、特定のステークホルダーだけでは解決できない課題に対処するために、多様なステークホルダー間での連携が重視されるようになった。具体的には、あるステークホルダーだけでは解決できない環境面・社会面の課題に対処するために、複数のステークホルダーが対等な立場でコミュニケーションを取り、意思決定、合意形成を実現することで課題解決に取り組むケースが増えつつある。このような課題解決への接近方法は「マルチステークホルダー・アプローチ」と呼ばれる。[9] ＣＳＲへの取り組みにおいても、企業を他のステークホルダーが支援する枠組みとして、マルチステークホルダー・アプローチの重要性に対する認識が高まっている。

（４）ＳＤＧｓ（持続可能な開発目標）とは何か

①ＳＤＧｓの概要

２０１５年に「国連持続可能な開発サミット」が１５０超の加盟国の参加により開催され、その成果として、「我々の世界を変革する：持続可能な開発のための２０３０アジェンダ」が採択された。このアジェンダ（検討項目）に掲げられた行動計画としての宣言および目標が「持続可能な開発目標（ＳＤＧｓ：Sustainable Development Goals）」である。ＳＤＧｓはＣＳＲのイシューとも共通点が多い17の目標（大項目）と１６９のターゲット（小項目）で構成されており、

２０１５年を起点として２０３０年までに、貧困や飢餓、エネルギー、気候変動、平和的社会などの諸目標の達成に努力することを全加盟国の目標としている[10]（図表序－１）。

ＳＤＧｓの基本理念は「誰一人取り残さない（No one will be left behind.）」であり、ＳＤＧｓは全人類に幸福をもたらさなければならないという決意を示している。また、各加盟国は２０３０年の状況を予測する（forecast）のではなく、バックキャスティング（backcasting：未来から逆算して現在の取り組みを考える発想）によって目標達成のための国家戦略を策定することを求められている。加えて、目標17に「グローバル・パートナーシップ」、すなわちマルチステークホルダー・アプローチの重要性を明示している。これは、全ての組織・個人がステークホルダーとして持続可能な開発の実現に貢献することがＳＤＧｓの達成に必要なことを示している。

②ＳＤＧｓとＣＳＲとの関係

ＣＳＲとの関連については、ＳＤＧｓの諸目標に対して大きく貢献できる主要なステークホルダーは企業であることから、ＳＤＧｓに取り組む企業の活動をＣＳＲとみることができる。ＳＤＧｓは企業がＣＳＲに取り組み、その内容を社外に開示するための目安として利用されるケースが増えている。換言すると、ＳＤＧｓは企業だけでなく全てのステークホルダーが「社会的責任」として取り組むべき目標であり、ステークホルダーの一つの類型である企業がＳＤＧｓに取り組む活動がＣＳＲなのである。したがって、企業の取り組みとしての「ＣＳＲ」と「ＳＤＧｓ」とはほぼ同じ概念を意味すると考えることができる。このため、本書では「ＣＳＲ・ＳＤＧｓ」と併記する場合がある。

ただ、一部の先進的な企業を除くと、SDGsの採択以前には、グローバルなマルチステークホルダー・アプローチを通じて社会課題に取り組む企業はそれほど多くなかった感がある。このため、SDGsの採択を端緒として、多様なステークホルダーからの支援を受けてCSRに取り組む企業が増加することが期待されている。

③国内外の情勢

海外ではGRI、国連グローバルコンパクト（UN

目標10：人や国の不平等をなくそう ・国内および国家間の不平等を是正する
目標11：住み続けられるまちづくりを ・都市と人間の居住地を包摂的、安全、レジリエントかつ持続可能にする
目標12：つくる責任つかう責任 ・持続可能な消費と生産のパターンを確保する
目標13：気候変動に具体的な対策を ・気候変動とその影響に立ち向かうため、緊急対策を取る
目標14：海の豊かさを守ろう ・海洋と海洋資源を持続可能な開発に向けて保全し、持続可能な形で利用する
目標15：陸の豊かさを守ろう ・陸上生態系の保護、回復および持続可能な利用の推進、森林の持続可能な管理、砂漠化への対処、土地劣化の阻止および逆転、ならびに生物多様性損失の阻止を図る
目標16：平和と公正をすべての人に ・持続可能な開発に向けて平和で包摂的な社会を推進し、すべての人々に司法へのアクセスを提供するとともに、あらゆるレベルにおいて効果的で責任ある包摂的な制度を構築する
目標17：パートナーシップで目標を達成しよう ・持続可能な開発に向けて実施手段を強化し、グローバル・パートナーシップを活性化する

（出所）国際連合広報センター Web

GC）[11]及びWBCSDがSDGsの企業行動指針として、「SDGコンパス」を共同で作成して、各国で普及活動を行っている。また、UNGCはコンサルティング会社と共同で業種別の指針として、①食品・飲料・消費財、②製造業、③金融サービス、④エネルギー・天然資源・化学産業、⑤ヘルスケア・ライフサイエンス産業、⑥運輸・輸送機器産業について「SDG産業マトリックス（SDG Industry Matrix）」も作成しており、邦訳されている。[12]

（図表序－１）持続可能な開発目標（SDGs）の17目標（ゴール）

目標１：貧困をなくそう
・あらゆる場所で、あらゆる形態の貧困に終止符を打つ

目標２：飢餓をゼロに
・飢餓に終止符を打ち、食料の安定確保と栄養状態の改善を達成するとともに、持続可能な農業を推進する

目標３：すべての人に健康と福祉を
・あらゆる年齢のすべての人々の健康的な生活を確保し、福祉を推進する

目標４：質の高い教育をみんなに
・すべての人々に包摂的かつ公平で質の高い教育を提供し、生涯学習の機会を促進する（筆者注：社会的包摂は、貧困・疾病等で孤立している人々の社会への参加を可能にすること）

目標５：ジェンダー平等を実現しよう
・ジェンダー（筆者注：社会的・心理的文脈での性別による差）の平等を達成し、すべての女性と女児のエンパワーメントを図る

目標６：安全な水とトイレを世界中に
・すべての人々に水と衛生へのアクセスと持続可能な管理を確保する

目標７：エネルギーをみんなにそしてクリーンに
・すべての人々に手ごろで信頼でき、持続可能かつ近代的なエネルギーへのアクセスを確保する

目標８：働きがいも経済成長も
・すべての人々のための持続的、包摂的かつ持続可能な経済成長、生産的な完全雇用およびディーセント・ワーク（筆者注：働きがいのある人間らしい仕事）を推進する

目標９：産業と技術革新の基盤をつくろう
・レジリエント（筆者注：強靭）なインフラを整備し、包摂的で持続可能な産業化を推進するとともに、イノベーションの拡大を図る

これらは、ＳＤＧｓ時代のＣＳＲの基本的な指針と言え、ＩＳＯ２６０００や後述するＩＳＯ２０４００とともに活用されることが期待されている。

日本国内では、政府が２０１５年に全閣僚を構成員とする「持続可能な開発目標（ＳＤＧｓ）推進本部」を設置、２０１６年には「持続可能な開発目標（ＳＤＧｓ）実施指針」を策定し本格的に活動を始めた。具体的には、２０１７年から「ジャパンＳＤＧｓアワード」（ＳＤＧｓへの取り組みで先進的な企業・教育機関等の組織に対する顕彰）、２０１８年からは「ＳＤＧｓ未来都市」（ＳＤＧｓに先駆的に取り組んでいる自治体）の選定などを開始した。[13] また、２０１８年には、中小企業向けの「持続可能な開発目標（ＳＤＧｓ）活用ガイド」も発行した。さらに、２０１９年６月に「拡大版ＳＤＧｓアクションプラン２０１９」を決定した。

この間、関東経済産業局と長野県の連携により「地域ＳＤＧｓコンソーシアム」が２０１８年に起ち上げられ、２０１９年には長野県で主に地域の中小企業を対象とする「ＳＤＧｓ推進企業登録制度」と「ＳＤＧｓを活用したビジネスモデル普及事業」が開始された。

日本の民間企業部門では、２０１７年11月に日本経済団体連合会（経団連）がＳＤＧｓの達成を目指して「企業行動憲章」を改定した。この改定の特徴は、「サプライチェーンに本憲章の精神に基づく行動を促す」ことと、現在世界的に問題化している「人権の尊重」を憲章に加えたことであり、後述する「持続可能な調達」にとって重要な意味を持っている。ただ、企業活力研究所が２０１７年に公表した「社会課題（ＳＤＧｓ等）解決に向けた取り組みと国際機関・政府・

産業界の連携のあり方に関する調査研究報告書」によると、大企業の経営陣のＳＤＧｓの認知度は、欧州企業では65％と約３分の２に達しているのに対して、日本企業では36％にとどまっており経営陣への認知度向上が課題になっている。

こうした状況下、２０１９年９月には国連で「ＳＤＧサミット２０１９（SDG SUMMIT 2019）」が開催され、世界各国の首脳が採択から5年を間近に控えてＳＤＧｓの進捗状況と今後の課題等について議論した。

❷ CSRと中小企業

大企業と比較すると、中小企業はグローバルなステークホルダーからの期待・要請に直接的に対峙することは少ない。このため、ＣＳＲ・ＳＤＧｓの意義・価値観・国際情勢に対する認識が十分ではない中小企業が多いとみられる。その一因は、ＣＳＲやＳＤＧｓといった外来語に対する拒否反応を示す中小企業が少なくないことである。[14] しかし、サプライチェーンの下流に位置する大企業のＳＤＧｓへの取り組みや持続可能な金融を通じて、日本の中小企業もＣＳＲへの取り組みを本格化せざるを得ない状況になる可能性が高い。一方で、中小企業の組織は株式を公開している大企業とは異なっており、ＣＳＲという用語を知らなくても、従業員を始めとするステークホルダーの利益を守ることや社是・社訓・経営理念に基づいて事業活動を行うとともに地域社会への貢献にも配慮するといった形で様々なイシューに既に取り組んでいるケースが少なくない。そこで、近年の国際的な情勢や日本の商道徳の歴史等を踏まえてＣＳＲと中小企業の関係を整理する。

（１）中小企業のＣＳＲを巡る国内外の情勢・歴史

①欧州で広まる公共部門のＣＳＲ調達

ＥＵ（欧州連合）の欧州委員会は２０１１年11月に２０１４年までをターゲットとするＣＳＲ戦略を策定・公表した。この中に含まれる「ＣＳＲに対する市場の報酬の促進」が中小企業にも影響を及ぼしている。「市場の報酬」、すなわちＣＳＲ実施の見返りを一般化するために、「公共調達の分野におけるＥＵの政策を梃子として活用する」としている。具体的には、ＣＳＲへの取り組みを調達先の選定基準に含める「官公需のＣＳＲ調達の促進」である。加えて、同戦略の中の「国家的および準国家的なＣＳＲ政策の重要性の強調」において、ＥＵ域内の国・自治体にもＣＳＲ調達の採用を推奨しており、ＥＵ域内では公共部門でのＣＳＲ調達が普及している。

②ＩＳＯ26000と中小企業

ＩＳＯ２６０００の作成に携わった関係者は、企業だけでなく様々な形態の組織が使用可能な「社会的責任（ＳＲ）」の指針規格[15]を目指した。しかし、最後まで残った課題が、実質的には中小企業（ＳＭＥ）を意味する「中小組織（ＳＭＯ）」での実行可能性であった。大企業のように

CSRに投入することのできる経営資源、特に人員と資金を十分には有していない中小企業に対して、どのようにしてISO26000への準拠を通じて社会的責任への取り組みを普及させるかであった。また、ISO26000は多くのイシューの中で「選り好み」を認めないポジティブ・リストの原則を採用していることも、中小企業にとって導入の障害になると考えられた。

こうした中小企業特有の状況に対して、ISO26000には以下のような趣旨のメッセージが示されている。

（a）基本的には、コストをかけなくても使用可能な規格である。

（b）中小企業は、加盟している業界団体や同一地域の経済団体などで集団的に取り組むことで、経営資源の不足を補完することができる（集団的取り組み）。

（c）ポジティブ・リストの原則は維持するが、「優先課題の設定」を例外的に認めることにより、時間をかけて社会的責任に取り組む余地がある（時間軸による対応）。

（d）中小企業に「関係を持っている他の組織」（筆者注：CSRに精通した販売先の大企業など）は、中小企業のCSRを支援することが、自らにとっての社会的責任の一環であると考えており、そうした組織の支援を求めることができる。

（e）大企業だけでなく、CSRの普及を目的とするNGO・NPO（非営利組織）等が大企業等との連携を通じて得たスキルや経験を基に、中小企業のCSRを支援することができる。

これらは、多様なステークホルダーの支援を受けて、時間をかけてＣＳＲの範囲を広げ、最終的にＩＳＯ２６０００の様々なイシューをカバーすることを中小企業に認めるものである。特に、（ｃ）の「時間軸による対応」からは、中小企業へのＣＳＲの普及が長期的に進めるべき課題であることが分かる。

③日本のＣＳＲ観の源流

江戸時代には、日本のＣＳＲ観の源流ともいえる商人の行動規範となった思想が存在する。

第一に、18世紀前半から半ばにかけて活動した思想家である石田梅岩が説いた「石門心学」である。梅岩は、商人が誠実に商売を行い信用を得ることによって営利活動を行うことの重要性を強調しており、中小企業のＣＳＲの基本である「より良い製・商品、サービスを提供すること」、つまり本業を通じた社会への貢献が企業には必要との考え方がみられる。

第二に、全国で行商をした近江商人の経営理念であり、後世の研究者によって「三方よし」と名づけられた18世紀半ばの考え方がある。これは、「売り手よし、買い手よし、世間よし」というものであり、「売り手」と「買い手」だけでなく、「世間」、すなわち「社会」にとっても有益な商売をすべきであるとの規範意識であり、商売（本業）と社会の両方の繁栄の重要性を強調したものである。

明治以降では、日本初の近代的経済団体である東京商法会議所（現在の東京商工会議所。以下、東商）を設立した渋沢栄一の「道徳経済合一説」がある。これは、「仁義道徳と生産殖利とは元来ともに進むべきもの」[16]との考え方である。渋沢は生涯で500以上の企業の設立に関わったといわれており、道徳経済合一説は多くの大企業の社是や経営理念に反映されており、中小企業が会員の殆どを占める東商の活動の指針にもなっている。[17]経営学者ドラッカーも、道徳経済合一説に通じる渋沢の「責任」に対する考え方を高く評価している。

ここまで述べた江戸時代以降の商道徳や規範が社是・社訓・経営理念として日本企業に根付いており、用語としての「CSR」を知らなくても、CSRに該当する活動に取り組むことを多くの経営者が当然と考えている。現代的なCSRについて、東商は従来から、中小企業の環境問題への対応や社会貢献等のイシューについて検討する組織を設け、各イシューの取組指針などを主に中小企業を対象として策定してきた。こうした中、2000年代前半に、企業の不祥事が頻発し、CSRに対する注目が高まる中で、2002年に「企業行動規範」を策定・公表した。これは、道徳経済合一説を現代的なCSRの行動規範として中小企業にも理解しやすい形で簡潔に再構築したものである。2007年にこの行動規範を改定するとともに、さらに経営者向け、従業員向け、あるいは一般公衆向けにWebコンテンツとして拡充し、さらに2012年のISO26000のJIS化（名称：JIS Z 26000）を機に、以下の項目で構成される第3版を2013年に公表した。

1. 法令の遵守
2. 人権の尊重
3. 環境への対応
4. 従業員の就業環境整備
5. 顧客・消費者からの信頼獲得
6. 取引先との相互発展
7. 地域との共存
8. 出資者・資金提供者の理解と支持
9. 政治・行政との健全な関係
10. 反社会的勢力への対処

(2) CSRへの取り組みが容易な中小企業の組織

①オーナー経営

株主と経営者が別人である大企業と異なり、中小企業の多くは株式を公開していない小規模な個人経営あるいは同族会社であり、同一人物（とその一族）が株主（S）と経営者（M）を兼ねている（図表序―2）。いわゆる「オーナー経営者」であり、株主（オーナー）として「物的資本（資本金や運転資金、設備等）」を拠出するとともに、経営者として「人的資本（労働力、アイデア等）」を拠出する。オーナー経営者は、人的資本を拠出する「従業員（E）」を雇用し、物的資本を拠出する銀行や仕入先などの「債権者（C）」との間で資金の借入・運用、仕入取引の条件について直接交渉したり、あるいは従業員にある程度の権限を持たせて交渉させることを通じて会社を経営する。

こうしたオーナー経営者が目指すのは、企業価値あるいは利益の最大化ではなく、企業の存続に必要なだけの利益であることも多く、経営者の判断でステークホルダーの利益を株主（＝経営者）の利益よりも優先することも可能である。換言す

（図表序－２）中小企業（同族経営）の統治イメージ（４当事者モデル）

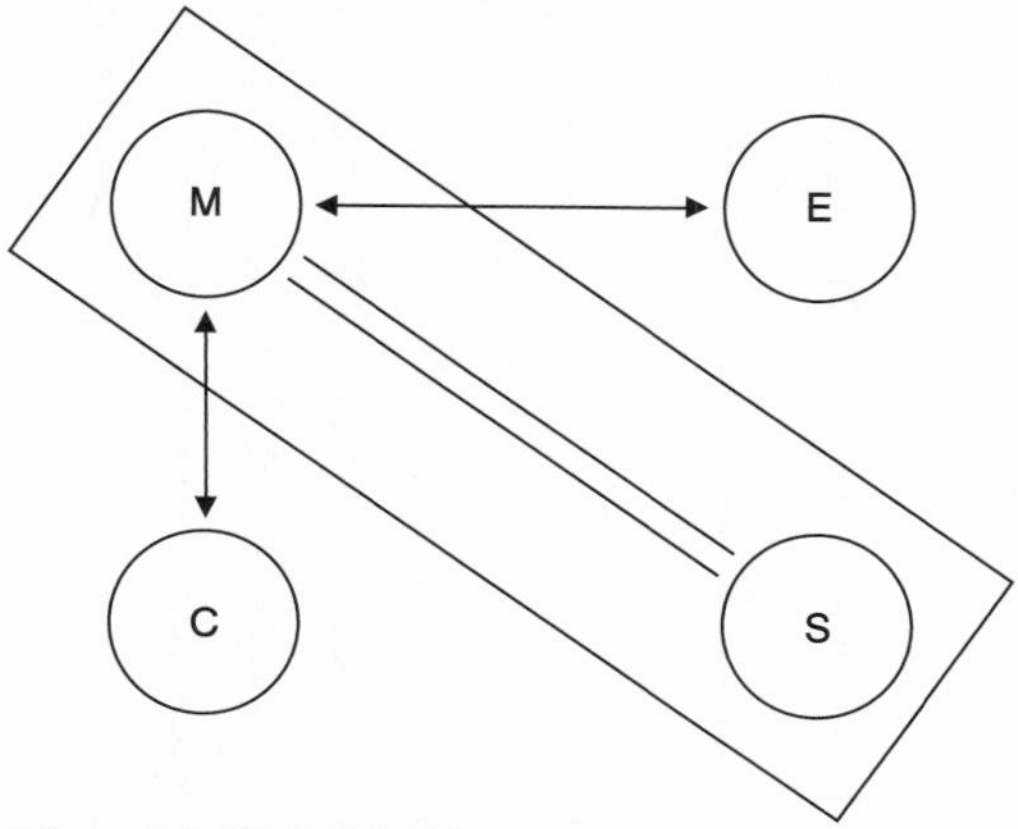

（出所）宍戸善一一橋大学大学院教授作成
（注）・中小企業は中小閉鎖会社である。
・S=株主、M＝経営者、C＝債権者、E＝従業員
・S，C：物的資本の拠出者、M，E：人的資本の拠出者
・矢印は交渉、二重線は一致を意味する。

ると、オーナー経営者は会社の存続を脅かさない範囲で、自らの信条や倫理観・価値観に基づいて会社の資源を自由に使用してCSRに取り組むことができる。

②簡素な組織構造

大企業の組織をみると、経営者から従業員までの間に多数の管理職の階層があることに加えて、多くの事業部門に分かれているため、経営トップのCSRに関する方針を組織の末端にまで浸透させることが容易ではない。一方、中小企業では大企業に比べて階層や事業部門の数が少ないため経営者と従業員の距離が近く、経営者は自らのCSRに関する考え方や一族に伝承されている社是・社訓・経営理念を従業員に伝えやすい。

以上の2つの要因のために、中小企業ではCSRへの取り組みの意思決定と組織内への浸透が大企業に比べると容易である。

(3) 認知度と経営理念との関係

次に、調査時点が2011年とやや古いが、当研究所が実施したアンケート調査「中小企業の社会的責任(CSR)に関する調査」[18](対象は資本金1千万円以上)[19]に基づいて、中小企業のCSRに対する認知度とその社是・社訓・経営理念との関係について概観する。

①中小企業のCSRに対する認知度

用語としての「企業の社会的責任(CSR)」についての認識(認知度)をみると、『知っている』（＝「見聞きしたことがあり、内容については大まかに知っている」＋「見聞きしたことがあり、内容についても詳しく知っている」）とする企業が半数をやや上回る程度にとどまっている（図表序ー3）。

②中小企業の経営理念とCSRの関係

社是・社訓・経営理念（社是等）を有する中小企業は全体の約8割を占めており、経営への反映状況をみると、「公表している」、「計画に織り込んでいないが、社是等の精神に則っている」、「社是等に基づいて、活動方針を立てている」、「社是等に基づいて、経営計画を策定している」の順に比率が高い。

中小企業は社是・社訓・経営理念に基づいて、より良い製・商品、サービスの提供、地域社会への貢献、法令順守等を中心として「企業の社会的責任（CSR）」に取り組んでいる（図表序ー4）。また、社是・社訓・経営理念を有する企業は有しない企業

（図表序ー3）用語としての「企業の社会的責任（CSR）」についての認識（単数回答：n=659）

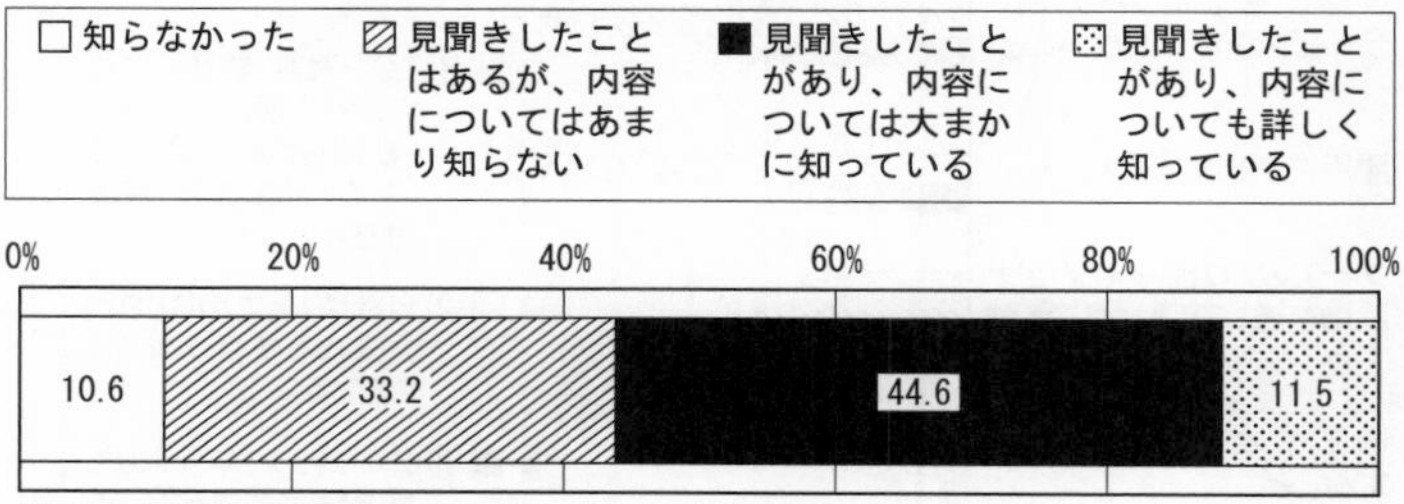

（資料）商工総合研究所「中小企業の社会的責任（CSR）に関する調査」（2012年3月公表）

（注）・資本金1,000万円以上の法定中小企業を対象として、2011年10～11月に実施された。
・四捨五入の関係上、構成比の合計が100に一致しない。

（図表序－４）社是・社訓・経営理念と自社にとっての
「企業の社会的責任（CSR）」の関係
（10 年前よりも重要性が高まっている項目を含む：複数回答）

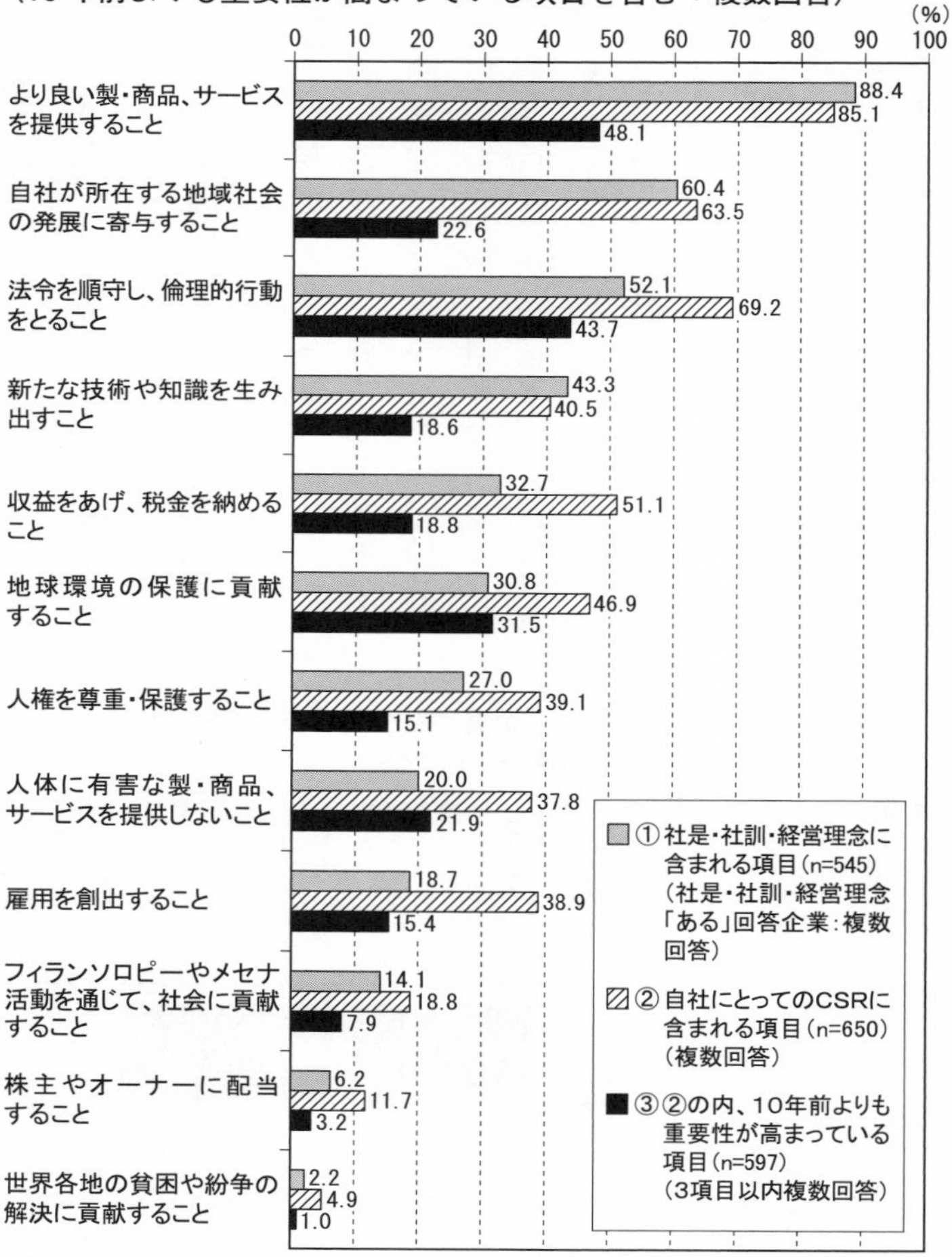

（資料）図表序－３に同じ。

に比べてＣＳＲの認知度が高いという結果が出ている（図表序－5）。加えて、社是・社訓・経営理念を有する企業では、「環境（地球環境保護）」、「社会（地域社会への貢献、フィランソロピー・メセナ活動、人権保護）」、「経済（より良い製・商品、サービスの提供、新技術・知識の創造）」を自社にとってのＣＳＲとして考える比率が社是等を有しない企業よりも顕著に高く、トリプルボトムラインに対する意識が高いことが分かる。

なお、社是・社訓・経営理念は創業時に作成され、変更が加えられないケースもあることから、時代の変遷、中小企業を取り巻く環境の変化とともに、法令順守、地球環境保護、人権保護、雇用創出などの項目についてもＣＳＲとしての重要性を認識する企業が増えている。特に、地球環境保護と人体に有害な製・商品、サービスを提供しないことは、地球環境問題の深刻化や２０００年代初頭に多発した企業

（図表序－5）用語としての「企業の社会的責任（CSR）」についての認識（社是・社訓・経営理念の有無別：単数回答）

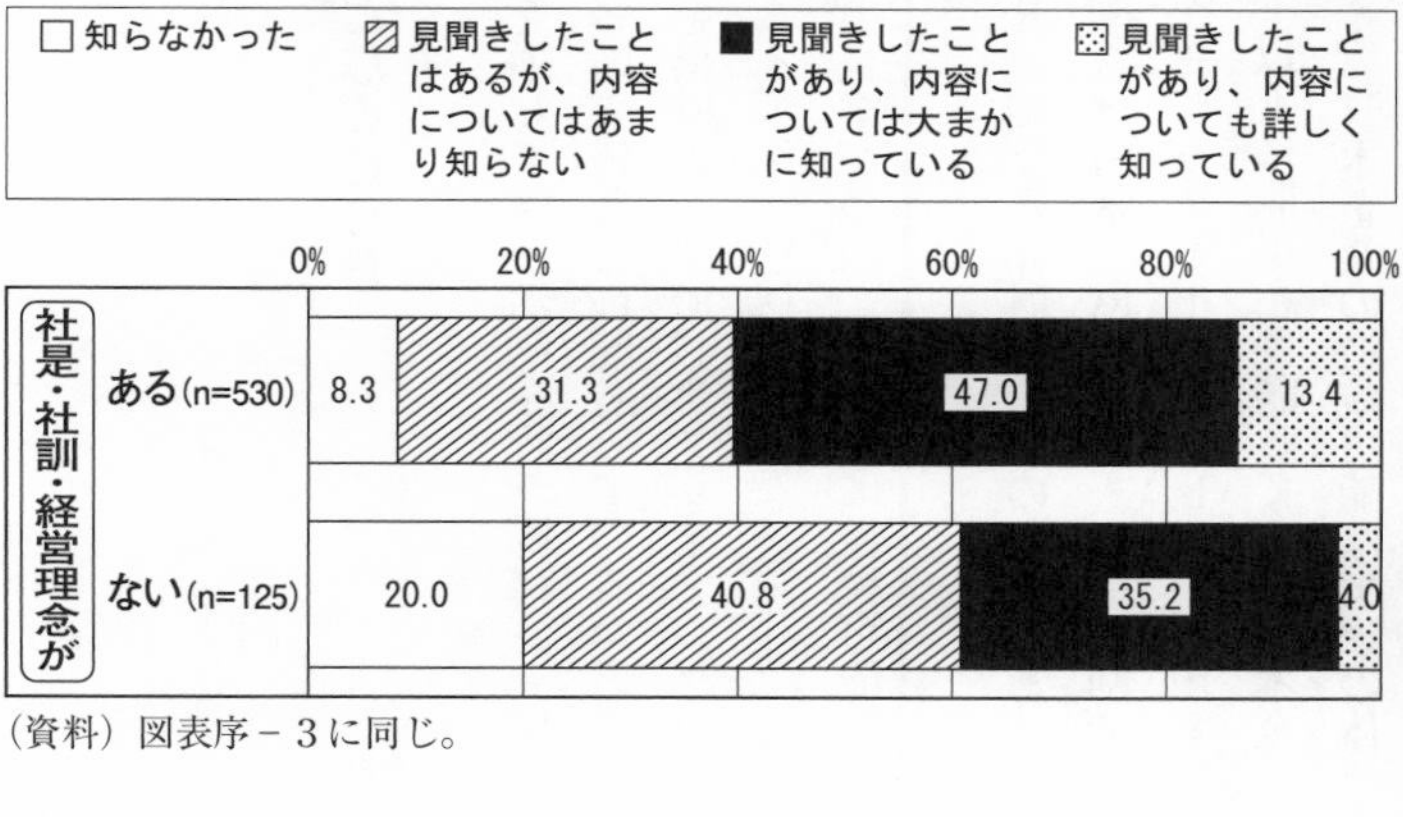

（資料）図表序－3に同じ。

の不祥事を背景に重要性が高まっている（前掲図表序－4）。

3 中小企業のＣＳＲ・ＳＤＧｓを巡る環境の変化

（1）「持続可能な調達」の普及により中小企業でも課題となるＣＳＲ

①大企業の経営課題としての持続可能な調達

グローバルに事業を展開する大企業は、サプライチェーンを通じて調達活動を行う際に、サプライヤーがＣＳＲの中核的なイシューである環境保護や労働者の人権などに配慮しているかどうかをアンケートや監査等で評価し、必要に応じて是正・改善を指導する中で、サプライヤーとの取引条件の変更の要否を判断している。このような調達のスタイルを「ＣＳＲ調達」、または「持続可能な調達」と言う。グローバル企業のサプライヤーは中小企業が多いことから、持続可能な調達は中小企業にＣＳＲへの取り組みを促すことになる。

持続可能な調達の出発点はサプライヤーが行っているＣＳＲに関する非財務情報の収集である。1次サプライヤーに非財務情報の開示を要請している企業の割合は日本と欧州でともに約3割で同程度であるが、海外での売上高比率が高い日本企業では1次サプライヤーに要請している比率が高くなっている（図表序－6）。しかし、2次サプライヤー以上に開示を要請している日本企業は1％に満たず、これは、欧州企業の13・2％に比べて低く、日本企業の持続可能な調達の体

（図表序－6）上流サプライヤーへの質問表などを通した非財務情報の開示要請

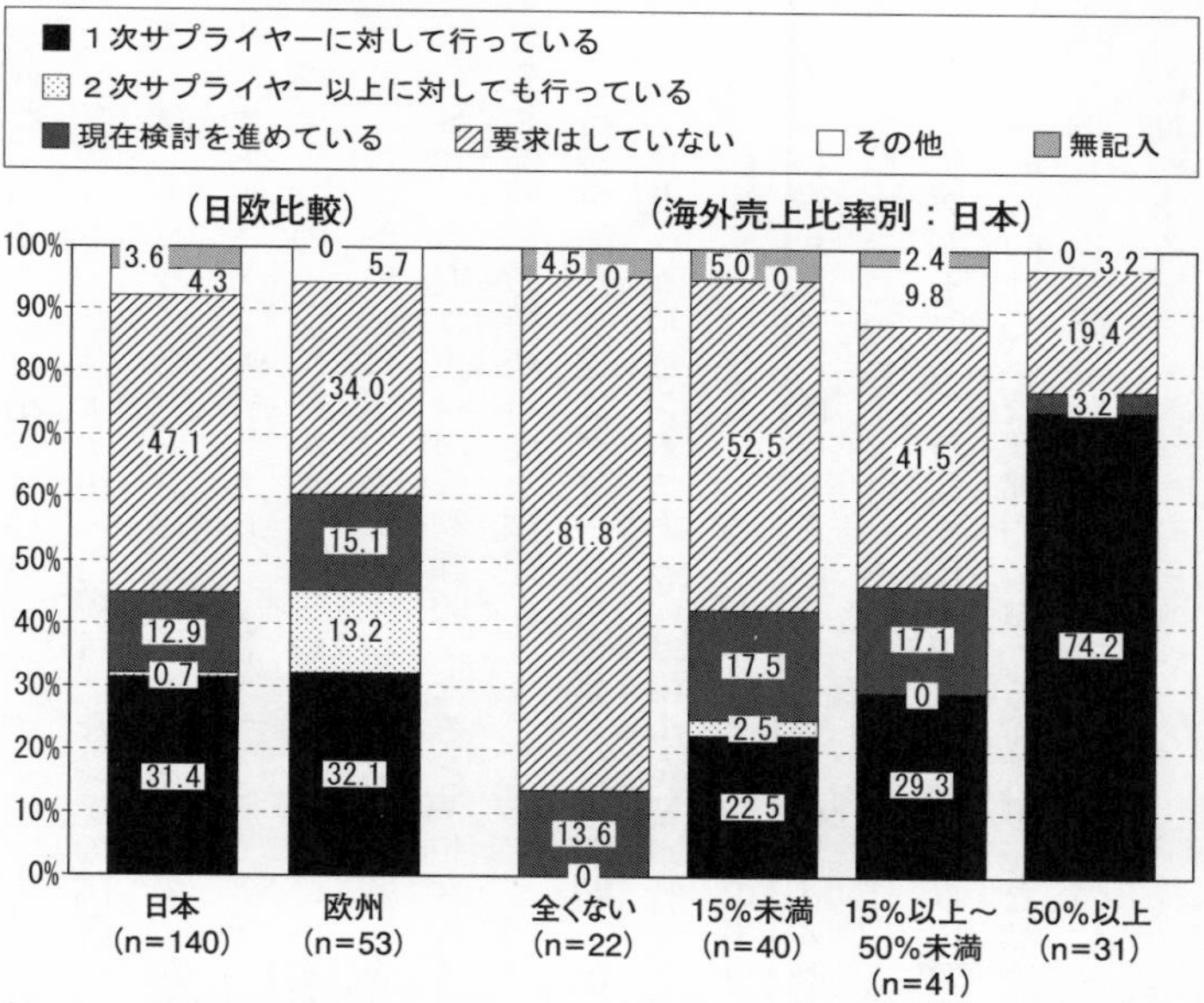

（資料）企業活力研究所『新時代の非財務情報開示のあり方に関する調査研究報告書～多様なステークホルダーとのより良い関係構築に向けて～』（2018年3月）

（注）・対象企業：日本のアンケート対象は3,000社（株式会社日本取引所グループ　上場第一部、第二部、マザーズ計2,795社及び非上場売上高上位205社）。回答企業は140社（回答率4.7%）。調査期間は2017年11月6日～2018年1月10日。
欧州は、CSR推進イニシアティブであるCSR Europe会員企業69社（21ヵ国）。調査期間は2016年12月1日～2017年1月20日。
・四捨五入の関係上、構成比の合計が100に一致しない場合がある。

制構築が遅れていることを示している。

このような状況下、2017年に持続可能な調達の国際規格であるISO20400が発行された。これは、サプライチェーンの最下流の企業（多くの場合、大企業）を起点として、1次サプライヤーから2次サプライヤーへ、2次サプライヤーから3次サプライヤーへというように、サプライチェーンの上流に向かってISO26000に準拠したCSRを伝播させることを目的としている。このため、日本でもグローバルに活動する大企業からの要請で中小サプライヤーにとってもCSRへの取り組みが経営課題になると予想される。[20]

②日本の公共部門での持続可能な調達

加えて、持続可能な調達はグローバル企業だけの問題ではなくなりつつある。既に述べたように欧州では、ソーシャルビジネスあるいは中小企業が行うCSRの支援策の一つとして、公共部門でのCSR調達が一般化している。日本でも、東京2020オリンピック・パラリンピック競技大会での「持続可能性に配慮した調達コード」の導入を契機として持続可能な調達に対する機運が高まっている。このコードは、木材、農産物、畜産物、水産物、紙、パーム油の調達にあたって納入業者（サプライヤー）のCSRに関する取り組みを調達先の選定基準としている。加えて、SDGsの達成に向けて、公共部門における持続可能な調達の普及も企図されており、今後対象となる財・サービスの範囲の拡大を通じて、中小企業のCSRやソーシャルビジネスにも影響を及ぼす可能性がある。

(2) 中小企業のCSR・SDGsへの取り組みの実情

①国際情勢

既に述べたように、ISO26000では特定のイシューにだけ取り組む「選り好み」は認められないものの、中小企業を念頭に置いて「時間軸による対応」が認められている。ただ、ISO26000の作成に携わった関係者によると、中小企業へのCSRあるいはISO26000の普及は現在も課題として残されている（後掲**事例16**参照）。

そこで、世界の中小企業のCSRへの取り組み状況をUNGC署名企業（CSRに積極的な企業）の2017年の規模別のデータを基にみてみる。先ず、戦略と業務にCSRを埋め込むために実施した行動をみると（**図表序-7**）、大企業では「持続可能性に関する方針・慣行の公衆への開示」が8割超、その他の行動も5割を上回っている。一方、中小企業では、「理念と目標を具体化する方針を策定・修正している」が5割超となっているものの、その他の行動は5割以下に止まっており、大企業に比べると取り組みが進んでいない可能性が高いとみられる。

次に、この原因を探るために、CSRの実行を次の段階に進める際に直面する課題をみると（**図表序-8**）、中小企業では、「資金面での資源の欠如」が首位で、これに「サプライチェーン全体を通じた戦略の拡張」、「知識の欠如」、「事業部門を跨ぐ戦略の実行」等が続いている。一方、大企業では過半数が「サプライチェーン全体を通じた戦略の拡張」を挙げており、サプライチェ

（図表序－７）グローバルコンパクト署名企業が自社の戦略と業務にCSRを埋め込むために実施した行動（従業員規模別：複数回答）

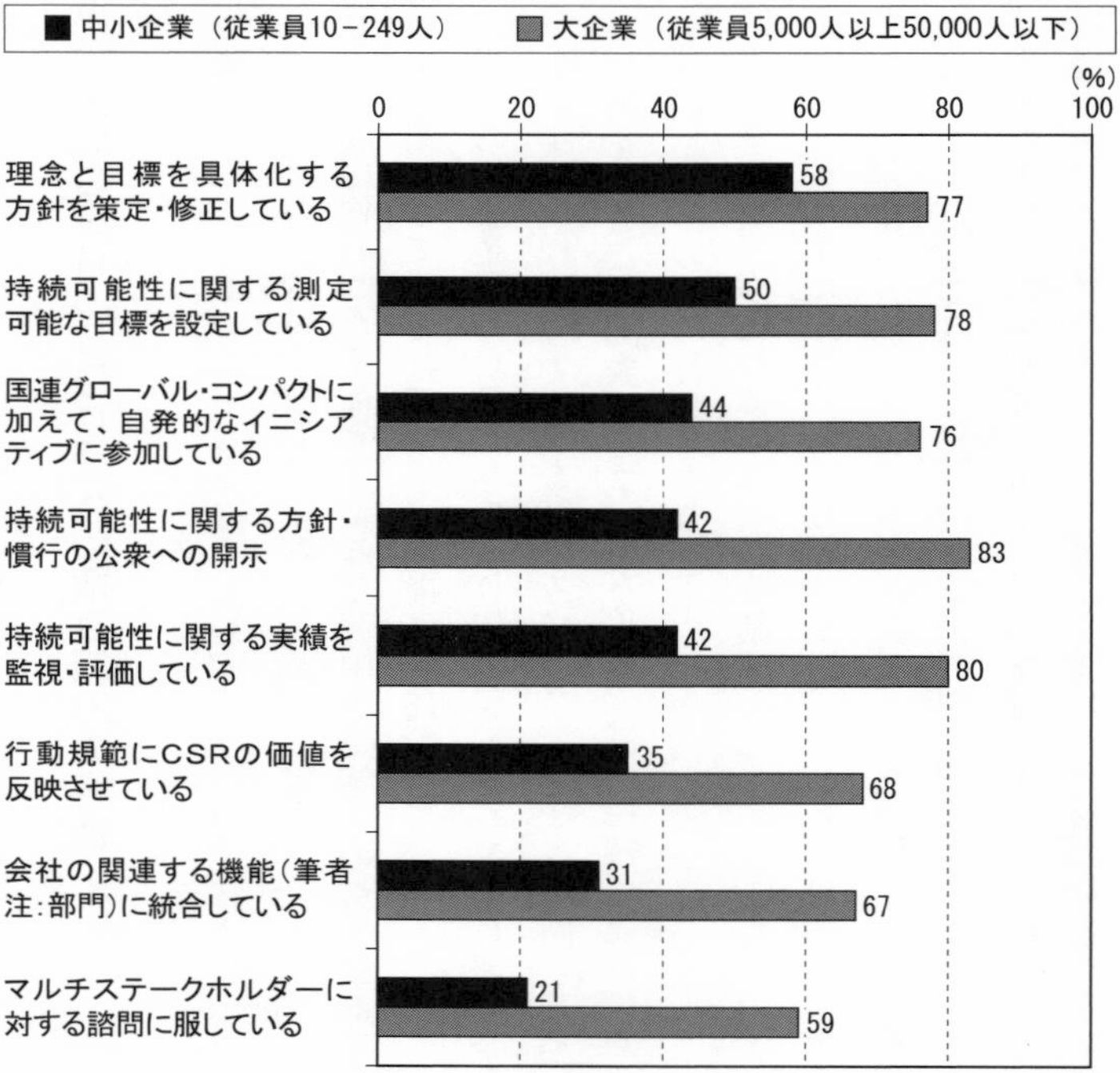

Source: United Nations Global Compact, *2017 United Nations Global Compact Progress Report-Business Solutions to Sustainable Development* (2017), retrieved on Jun. 19th, 2018 at https://www.unglobalcompact.org/docs/publications/UN%20Impact%20Brochure_Concept-FINAL.pdf.

（図表序－8）グローバルコンパクト署名企業がCSRの実行を次の段階に進める際に直面する課題（従業員規模別）

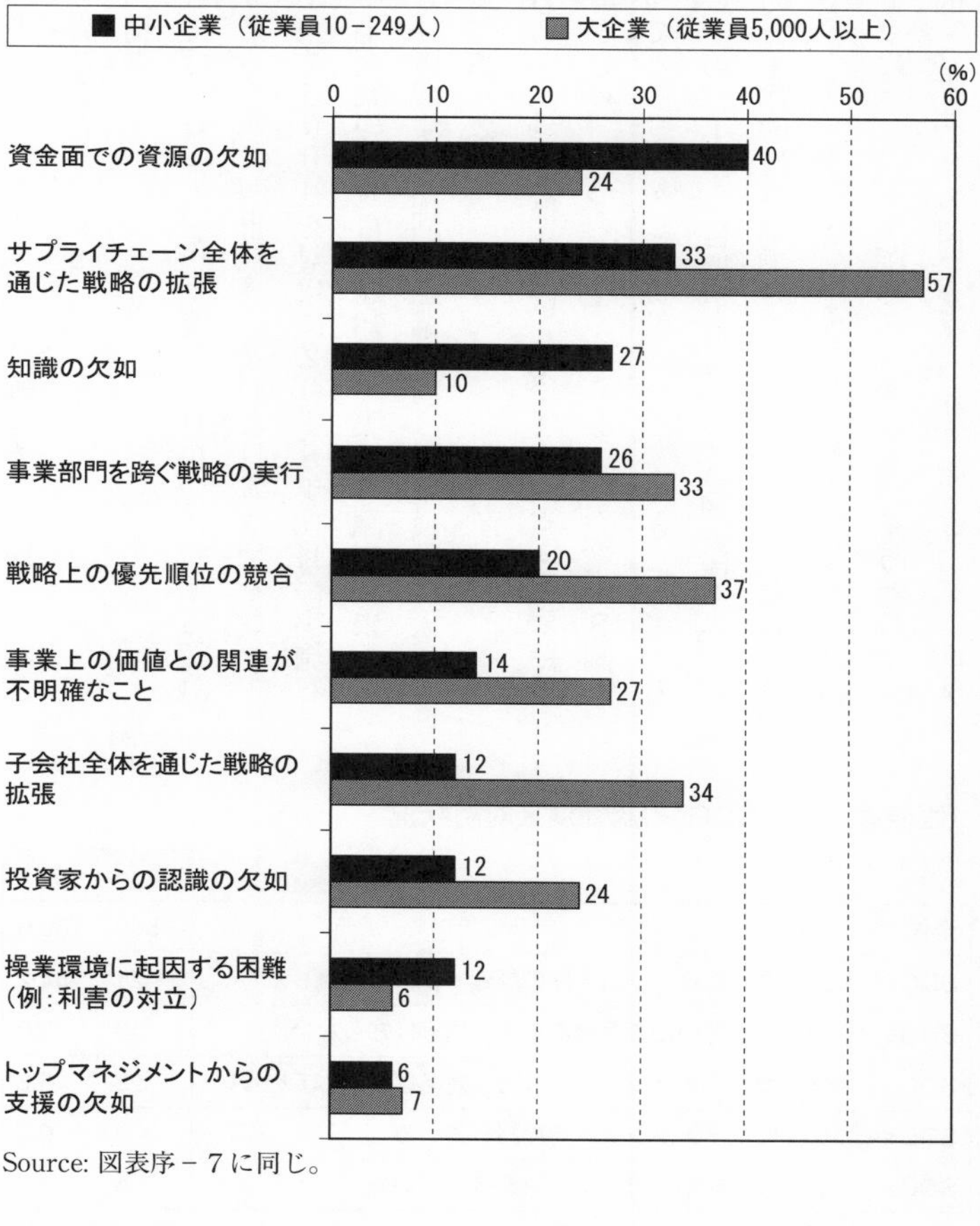

Source: 図表序－7に同じ。

ーンへのＣＳＲの浸透、即ち持続可能な調達が課題となっていることが分かる。

②国内情勢

それでは、日本の中小企業のＳＤＧｓに対する認識はどうだろうか。関東経済産業局と日本立地センターが中小企業５００社を対象に２０１８年10月に実施した「中小企業のＳＤＧｓ認知度・実態等調査結果」を基にして概観する（回答企業の内、従業員数20人以下の企業は85・２%）。

ＳＤＧｓの認知度・対応状況をみると（**図表序－９**）、「ＳＤＧｓについて全く知らない」企業が８割を上回っている。[21] しかし、貢献（行動）できると考えるＳＤＧｓのゴール（目標）をみると（**図表序－10**）、直接的・主体的に貢献できるゴール（目標）としては、「②飢餓をゼロに」、「⑦エネルギーをみんなにそしてクリーンに」、「⑩人や国の不平等をなくそう」等で、間接的・補助的に貢献できるゴールとしては、「⑩人

（図表序－９）SDGsの認知度・対応状況

	n	%
全体	500	100.0
SDGsについて全く知らない（今回の調査で初めて認識した）	421	84.2
SDGsという言葉を聞いたことがあるが、内容は知らない	40	8.0
SDGsの内容について知っているが、特に対応は検討していない	29	5.8
SDGsについて対応・アクションを検討している	4	0.8
SDGsについて既に対応・アクションを行っている	6	1.2

（資料）関東経済産業局＝一般財団法人日本立地センター「中小企業のSDGs認知度・実態等調査結果（WEBアンケート調査）」(2018)

（注）関東経済産業局管内の１都10県の従業員数300人以下の中小企業500社を対象に2018年10月に実施された。

（図表序－10）貢献（行動）できると考えるSDGsのゴール（目標）（複数回答：%）

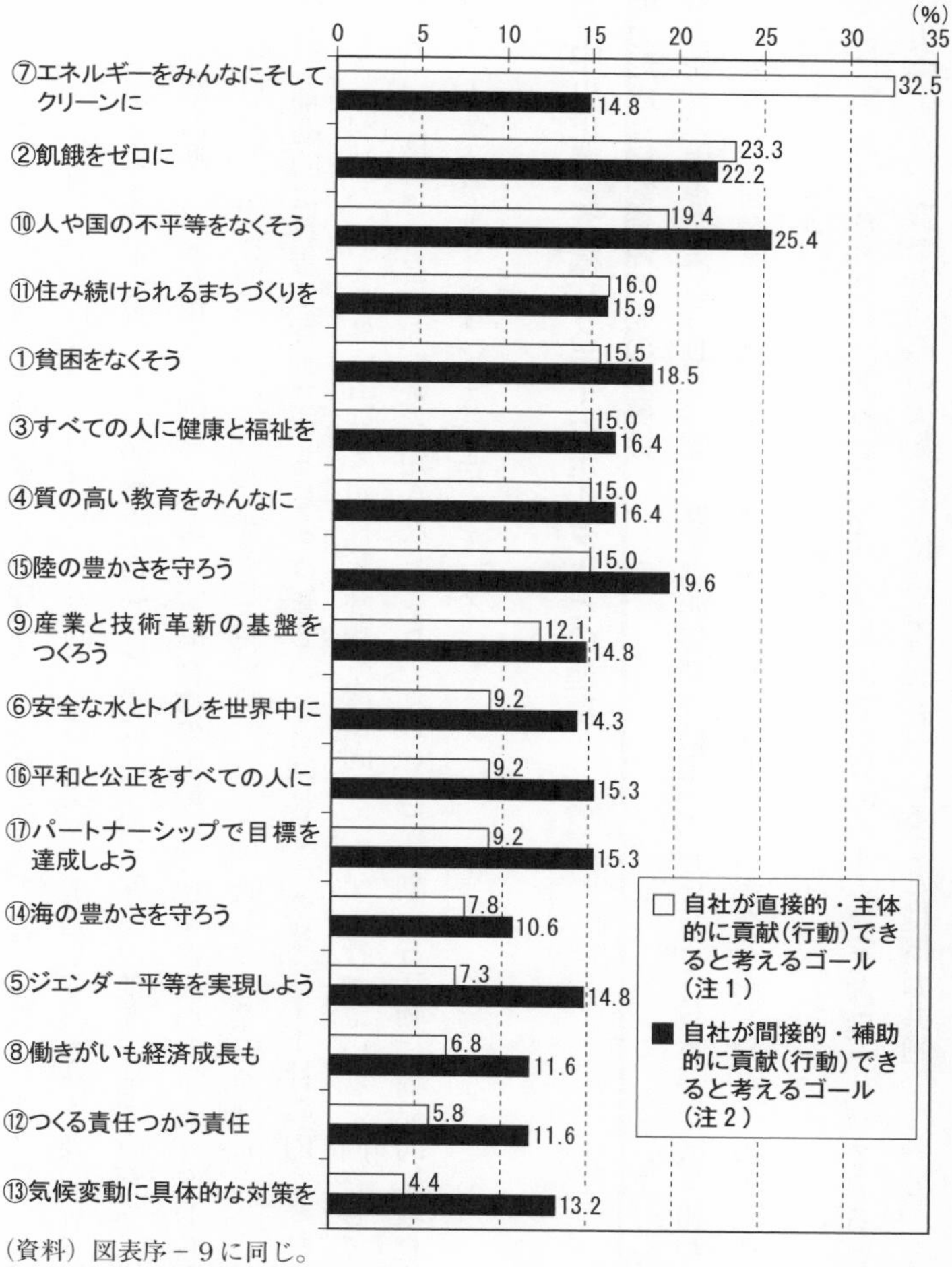

（資料）図表序－９に同じ。
（注１）「貢献（行動）することは難しい」回答企業（294社）を除く206社に対する比率。
（注２）「貢献（行動）することは難しい」回答企業（311社）を除く189社に対する比率。

や国の不平等をなくそう」、「⑮陸の豊かさを守ろう」、「②飢餓をゼロに」等で比率が高く、経済・環境・社会の各側面でＳＤＧｓへの貢献に肯定的である。実際、実施している社会課題解決等に向けた取組を第５位までみても（図表序－11）、健康経営、地元雇用の推進、地域教育への協力、女性の活躍促進、資源利用量の削減・効率化、廃棄物の削減等で比率が高い。また、ＳＤＧｓに「自社が直接的・主体的に貢献（行動）することは難しい」と回答した企業２９４社と「自社が間接的・補助的に貢献（行動）することは難しい」と回答した企業３１１社の内、それぞれ28・6％（84社）、29・3％（91社）が社会課題解決に向けた取組を行っていると回答している。これは、「ＳＤＧｓ」という言葉を知らなくても、ＳＤＧｓに貢献する活動に内発的に取り組んでいる中小企業が少なくないことを示している。

（3）中小企業と多様なステークホルダーとの連携

①能力形成と経営資源補完の必要性

引き続き「中小企業のＳＤＧｓ認知度・実態等調査結果」を基にしてＳＤＧｓに取り組む際の課題をみると（図表序－12）、社会的な認知度の低さに加えて、資金とマンパワーの不足や、何から取り組むべきか、さらには取り組みのメリットがわからないとする企業が多い。

これに関して、ＵＮＧＣに署名しＣＳＲに積極的な世界の中小企業の課題と比べてみると（前掲図表序－8）、資金と知識の欠如が上位に挙げられていることは概ね共通している一方で、

（図表序－11）実施している社会課題解決等に向けた取組（複数回答：%）

取　組	%
従業員の健康に配慮した健康経営を行っている	54.4
地元雇用を推進する取組を行っている	24.1
地域教育推進への協力等を行っている	23.7
女性の活躍を促進し、出産育児のサポートを行っている	23.7
資源利用量（水使用量）の削減・効率化に取り組んでいる	13.3
廃棄物排出量・廃棄物最終処分量を把握し、削減に取り組んでいる	13.3
環境負荷に低減に寄与する商品・サービスの提供、ものづくり等を行っている（※）	11.2
災害が発生した場合でも事業を復旧し、継続するための計画や準備がある	10.0
CSR活動（防災活動、環境活動等の地域コミュニティへの参加等）を行っている	9.5
原材料の生産や採掘が、現地の生物多様性に悪影響を与えるものでないか確認を行っている	9.1
外国人・女性・高齢者・社会的弱者への雇用環境整備や社会参画の配慮を行っている	8.7
貧困層や脆弱な状況にある人々の支援に関する商品・サービスの提供を行っている	7.9
国際交流の促進に取り組んでいる	7.5
産学官等連携を行っている	4.1
カーボン・オフセットに取り組んでいる、またはカーボン・オフセットの商品やサービスを購入・使用している	4.1
未利用資源（間伐材等）を利用した製品等を開発している、または同製品を積極的に購入、使用している	3.3
調達する原材料や購入物等について、認証品（フェアトレード、オーガニック、森林認証、漁業認証等）の活用を指向している	2.9
その他	2.1

（資料）図表序－9に同じ。
（注）・「特に社会課題解決に資する取組は行っていない」と回答した259社を除く241社に対する比率。
・カーボン・オフセットについては、第2章注5参照。
・（※）原文まま。「環境負荷に低減」は「環境負荷低減」の意味と推測される。

ＵＮＧＣ署名中小企業では、ＣＳＲ戦略のサプライチェーン全体への拡張が課題の第２位であり、「持続可能な調達」が世界的に大きな課題になっていることが既に認識されているのと比べると、日本の中小企業のＣＳＲ・ＳＤＧsに関する情勢の認識には遅れがあるとみられる。

以上からは、日本では中小企業に対してＣＳＲ・ＳＤＧsに関する情報を周知して、ＣＳＲ・ＳＤＧsに取り組むため

（図表序－12）SDGsに取り組む際の課題（複数回答：%）

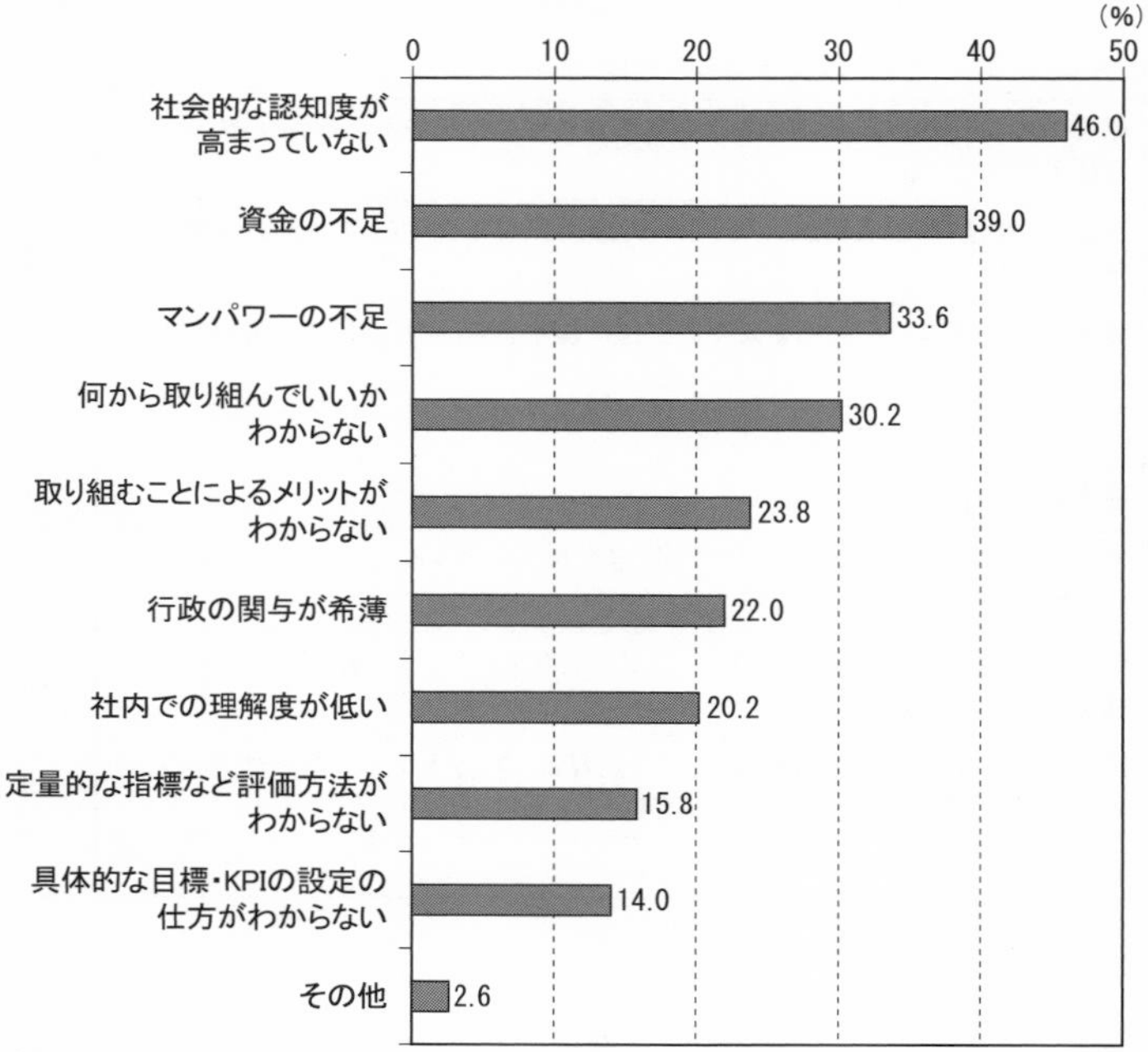

（資料）図表序－９に同じ。

の能力を形成すること（capacity building：能力形成）、及び不足している経営資源（資金・マンパワー）を補完することが必要なことが分かる。

②知見・経験・ツールを持つ多様なステークホルダーとの連携

こうした現状を踏まえると、中小企業のＣＳＲ・ＳＤＧｓへの取り組みを支援する方策として、行政・公的機関や非営利組織を含めた多様なステークホルダーによる支援の重要性が高い。前述したように、ＩＳＯ２６０００では第一に、大企業、ＮＧＯ・ＮＰＯ等のステークホルダーからの支援を受けることが推奨されている。これらの組織は、ＣＳＲ・ＳＤＧｓに関する知見・経験・ツールを有しており、中小企業への周知を手始めとして能力形成のための支援を一段と本格化することが期待されている。第二に、業界団体、地域の経済団体といった中小企業にとってなじみの深いステークホルダーを通じた集団的な取り組みも推奨されている。これらの団体もマルチステークホルダー・アプローチの一角を担い、中小企業がＣＳＲ・ＳＤＧｓに取り組む際に不足している経営資源を他のステークホルダーとともに補い、中小企業に対して動機づけ、あるいは啓発を通じて能力形成を支援することが期待される。

1　「ソーシャルビジネス」に類似した概念として「社会的企業」があり、両者を区別する論者もいるが、本書では区別せず、以下では「ソーシャルビジネス」を対象として議論する。

2　この説明は、ＯＥＣＤ（経済協力開発機構）による「社会的企業」の定義等を参考にしている。なお、事業体としてのソーシャルビジネスが活動の持続性を維持するためには「利益」が必要であり、利益を無視しているわけではないことに留意されたい。

3 行政・公的機関による支援については後掲事例10、11を、非営利組織による支援については後掲事例14、15を参照。

4 このため、ＩＳＯ２６０００は、適用対象となる組織の活動内容（対象が企業の場合、「業種」）・規模を問わず利用される。

5 電子機器・ＩＴ業界用のＲＢＡ（事例1）、漁業等のためのＭＳＣ（事例2）、農業用のＧＡＰ（事例5）、製紙・印刷等のためのＦＳＣ（事例6）、パーム油の生産・流通のためのＲＳＰＯ（事例7）について後述している。

6 後掲事例1図表Ｉ－1参照。

7 ２０１1年に採択された「ビジネスと人権に関する国連指導原則」によって、人権デュー・ディリジェンス（企業が、自社とサプライヤーが強制労働や児童労働等の人権侵害行為を行っていないかどうかモニタリングすること）を行うことが求められ、英国・フランスでは本文記載の国内法が制定された。国内法の実効性を高めるために各国はビジネスと人権に関する「国別行動計画（National Action Plan：ＮＡＰ）」を作成している。一方、日本では人権デュー・ディリジェンスの法制化は具体化していないものの、２０１６年11月にＮＡＰを作成する旨を政府が表明した。これを受け、ＮＡＰ作成の第一段階として、企業活動における人権保護に関する法制度や取り組みについての現状を確認するため、２０１8年3月以降、ビジネスと人権に関するベースラインスタディが実施された。これに基づき、２０２０年半ばにＮＡＰを公表する予定である（外務省Ｗｅｂ）。

8 ＧＲＩ（Global Reporting Initiative）は、１９９７年に活動を開始したＣＳＲに関する報告のガイドラインの作成とその普及に取り組むＮＧＯ。世界の上位２５０社の内、93％がＧＲＩのスタンダードに準拠している。なお、後掲事例7の中小企業は、Ｇ４に基づいてＣＳＲの報告書である「持続可能性レポート」を作成している。

9　通常、マルチステークホルダー・アプローチでのステークホルダーの数は3主体以上とされるが、本書では2主体以上とする。

10　ＳＤＧｓはＭＤＧｓ（Millennium Development Goals：ミレニアム開発目標）の後継イニシアティブ（取組の枠組み）である。ＭＤＧｓは、２０００年の国連ミレニアム・サミットで採択された国連ミレニアム宣言を基にした２０１５年をターゲットする開発目標であり、８つの目標が掲げられていた（①極度の貧困と飢餓の撲滅、②初等教育の完全普及の達成、③ジェンダー平等推進と女性の地位向上、④乳幼児死亡率の削減、⑤妊産婦の健康の改善、⑥ＨＩＶ／エイズ、マラリア、その他の疾病の蔓延の防止、⑦環境の持続可能性確保、⑧開発のためのグローバルなパートナーシップの推進）。

11　国連グローバルコンパクト（United Nations Global Compact：ＵＮＧＣ）は国連事務総長が主導し誕生したＣＳＲを通じて持続可能な開発を実現するための自発的なイニシアティブであり、人権の保護、不当な労働の排除、環境への対応、および腐敗の防止に関わる10の原則を規定した協定（Compact）に賛同する企業・団体が署名している。ＷＢＣＳＤ（World Business Council for Sustainable Development：持続可能な開発のための世界経済人会議）は、持続可能な開発を目指す企業約２００社のＣＥＯ（最高経営責任者）の連合体。参加企業の国籍は35ヵ国、本部はスイスのジュネーブにある。ＵＮＧＣに署名、あるいはＷＢＣＳＤに参加する企業はＣＳＲに積極的に取り組んでいると考えられている。

12　これらの他に、気候変動対策について業種横断的な指針が作成されている。

13　後掲事例6はジャパンＳＤＧｓアワードの特別賞（ＳＤＧｓパートナーシップ賞）の表彰、事例7，8はＳＤＧｓ推進副本部長（外務大臣）表彰、事例9はＳＤＧｓ推進本部長（内閣総理大臣）表彰を受けた中小企業である。また、事例10はＳＤＧｓ未来都市に選定された自治体のケーススタディである。

14　後掲事例14でも外来語に対する中小企業の忌避感が指摘されている。筆者のＣＳＲに関連するこれまでの経験上、同様の指摘を様々な関係者から異口同音に受けた。

15 「指針規格」は、要求項目ではなく、推奨項目で構成されるガイドライン（指針）としての規格。

16 東京商工会議所『企業行動規範（第3版）』（２０１３年3月）p３．

17 商工会議所の全国団体は日本商工会議所（日商）であるが、日商の会頭は東商の会頭が兼務しており、政策提言など多くの活動を日商と東商が共同で行っている。

18 この調査では、ＣＳＲを「法令順守に基づいた事業活動により収益を確保することにとどまらず、（地球）環境の保全や（地域）社会とそのメンバー（例：従業員）への貢献とのバランスにも配慮すること等も企業が負うべき責任であるとの考え、あるいはそうした考えに基づく活動・取り組み。」と定義し、この定義を調査対象企業に提示した上で回答を得た。

19 調査対象を資本金1千万円以上としたのは、ＣＳＲに対する認知・理解が不足していることが予想される規模の小さい企業をある程度除外することによって、ＣＳＲについてある程度の理解があると想定される中小企業層からの情報を分析することが有益と考えたためである。これにより、結果的に従業員数20人以下の企業は28・８％にとどまっていることに留意されたい。

20 次章では、グローバル企業（事例３）とそのサプライヤーである中小企業（事例４）の状況を紹介している。

21 「ＳＤＧｓ」を「全く知らない」企業の比率（84・２％）が前掲図表序―3の『ＣＳＲを知らない』（＝「知らなかった」＋「見聞きしたことはあるが、内容についてはあまり知らない」）企業の比率（43・８％）を大きく上回っている原因は、①調査対象の中の規模の小さい企業（従業員数20人以下の企業）の比率を比べると、前者（85・２％）が後者（28・８％）に比べて高いこと、②「ＳＤＧｓ」の採択から調査時点までの経過年数（約３年）が短いことであると推測される。

第１章 大企業の持続可能な調達と中小企業のＣＳＲ

グローバル企業で持続可能な調達が経営課題となる中、そのサプライチェーンに属している中小企業もＣＳＲ・ＳＤＧｓへの取り組みを求められつつある。

本章では、先ずグローバルに活動する大企業３社について、持続可能な調達を行うにあたっての自社の基本方針・体制、中小サプライヤーのＣＳＲへの取り組みに対する支援内容などを紹介する（**事例１～３**）。

次に、持続可能な調達を行う大企業に協力してＣＳＲに取り組む中小サプライヤー２社について、ＣＳＲに取り組むきっかけ、取り組みの内容・効果、これに対する評価、今後の展望などを紹介する（**事例４、５**）。

最後に、事例企業の優れた取り組みの要点をまとめるとともに、持続可能な調達をサプライチェーン全体に広めていくために、業界での監査規格の共通化、サプライヤー内部でのＣＳＲに関する能力形成、サプライヤーの従業員のための通報窓口の設置、ＣＳＲに取り組む企業の商品・サービスを優先して購入する消費者の意識の高まり、などの必要性について言及する。

❶ グローバルに活動する大企業の持続可能な調達

事例1　日本電気株式会社（NEC）[1]
—CSR調達で中小サプライヤーとともに社会価値の共創を目指す—

所在地　東京都港区　設　立　1899年
資本金　3,972億円(2019年3月現在)
従業員　単独20,252名（2019年3月現在）
　　　　連結110,595名（2019年3月現在）
事業内容　①パブリック事業：主に公共、医療、官公およびメディアへの、システム・インテグレーション、サポート（保守）、アウトソーシング・クラウドサービスおよびシステム機器などの提供
②エンタープライズ事業：主に製造業、流通・サービス業および金融業への、システム・インテグレーション、サポート（保守）およびアウトソーシング・クラウドサービスなどの提供
③ネットワークサービス事業：ネットワークインフラ（コアネットワーク、

携帯電話基地局等）、システム・インテグレーションおよびサービス&マネジメントなどの提供
④システムプラットフォーム事業：ハードウェア（サーバ、メインフレーム、等）、ソフトウェア、企業ネットワークおよびサポート（保守）などの提供
⑤グローバル事業：セーフティ（生体認証ソリューション、サーベイランス等）、サービスプロバイダ向けソフトウェア・サービス、ネットワークインフラ（海洋システム等）、システムデバイス（ディスプレイ、プロジェクタ）および大型蓄電システムなどの提供
その他：データセンター基盤サービス、照明器具など

1．中小サプライヤーのＣＳＲへの取り組み状況

当社の中小サプライヤーを対象として、ＣＳＲへの取り組み状況をみると、国内では環境対応がかなり進んでおり、地域社会への貢献についても特徴的な取り組みをしている企業が少なくない。法令遵守については社内制度を構築している企業は多いが、その実際の運用や確認・自己評価については不安の残る企業が散見される。人権については、職場での安全・衛生の取り組みは比較的進んでいるが、日本では強制労働等のような深刻度の高い人権問題の状況が一部の途上国

ほどには劣悪でないため、これらが世界的には大きな問題として認識されていることについて明示的に経営者が理解しているかどうかはやや疑問である。サプライヤーは当社だけでなく多くの納入先からCSRについての要請を受けるケースが少なくないため、経営トップが必要性を強く認識するようになると中小企業でもCSRが進展する。しばしば、中小企業の経営は「社長の力量次第」と言われるがCSRについても同様である。

北米、欧州、アジアでは、当社は環境と安全衛生管理に関する宣言書をサプライヤーから取得している。海外のサプライヤーはアジアに多く、中国や東南アジアの中小サプライヤーのCSRへの取り組み状況については、当社の現地会社がサプライヤーからの報告を受け確認していているが、監査までは行っていない。ただ、中国のサプライヤーの内、ソフトウェア開発業者については、経営幹部に米国での留学・就業の経験者が多いため、CSRについても理解が進んでいる。また、海外で製造委託を新規に行う場合、当社のエンジニアが現地でラインの起ち上げに関与するので、CSRの理念に反する行為が行われているかどうかを確認することはできる。

2.「持続可能な調達」の基本方針と体制

NECグループの調達の基本方針は、「持続可能な調達」を通じたサプライヤーとのコラボレーションにより、相互の信頼関係を高め、社会価値を共創することである。具体的には、「CSR調達ガイドライン」の遵守に対する承諾をサプライヤーから得ているが、これには当社がサプライヤーに要望するCSRへの取り組みが含まれる（図表Ｉ－１）。ガイドラインでは、サプライヤーに対して自社の上流サプライヤー（当社からみると、２次より高次のサプライヤー）も包括してCSRに取り組むことも要望している。

なお、サプライヤーには、当社がCSR等に関する監査権限を保持することについても承諾を得ているが、監査の目的は取引の長期的な継続に資するように、CSRに関してリスクのある部分の改善を促すことである。その方法として、当社のビジネスに対する重要度に応じて、CSRに関して現地監査を行う場合と書面確認のみを行う場合等の濃淡をつけており、また、特定のイシューを監査する場合と、特に重要なサプライヤーに対してCSR全般を監査する場合がある。監査結果のフィードバック後、改善が進まないサプライヤーにはその理由の説明を求めるが、基本的には時間をかけて改善を指導している。ただし、当社のビジネスにとって重要なイシューである情報セキュリティについては迅速な改善を全てのサプライヤーに求めている。

現状では当社自身が第二者監査を行っており、特に現地監査を実施する場合、先ず、監査する人員の確保とその教育、次に実際の監査では事前準備や事後のフィードバックといったプロセスが必要であり、かなりの時間と人件費が必要となる。このため、欧米等の同業者に比べると、当社の監査件数は多くない。監査件数を増やすためには、欧米の大企業のようにコンサルティング会社に委託して第三者監査を行うことが考えられる。ただ、第三者監査ではサプライヤーに対する改善要求が前面に出るケースが多く、取引の解消に至るケースもある。この場合、監査の便益が、監査を委託した納入先企業とサプライヤーの間で十分に共有されない。こうしたことを考慮すると、仮に、今後コンサルティング会社等に第三者監査を委託するとしても、当社（第二者）とコンサルティング会社（第三者）が共同で行う「2・5者監査」が、調達の基本方針であるコラボレーティブな「持続可能な調達」の精神にふさわしいように思われる。

3.「持続可能な調達」に対する規格と認証の有効性

取り組みを要望する重点項目	具体的推進事項	関連するISO26000中核主題
環境・生物多様性リスク	環境管理システムの構築	6.5
	製造工程における環境影響物質の適正管理	6.5
	製品環境アセスメントの実施	6.5
	気候変動への対策	6.5
	地球環境保全への取り組み	6.5
	グリーン調達の実施	6.5
	環境情報開示	6.5
	生物多様性保全への取り組み	6.5
	製品に含有する環境影響物質の適正管理	6.5
	省資源・省エネルギー設計	6.5
	長期使用可能設計	6.5
	再使用部品・再生素材の利用設計	6.5
	リサイクル容易性設計	6.5
	プラスティックの材料名表示	6.5
公正取引に関わるリスク	汚職・賄賂などの禁止	6.6
	優越的地位の濫用の禁止	6.6
	不適切な利益供与および受領の禁止	6.6
	競争制限的行為の禁止	6.6
	正確な製品・サービス情報の提供	6.7
	知的財産の尊重	6.6
	適切な輸出管理	6.6
	情報公開	6.2
	不正行為の予防・早期発見	6.6

＊ISO26000/ISO20400 における 7 つの中核主題
(6.2) 組織統治、(6.3) 人権、(6.4) 労働慣行、(6.5) 環境、(6.6) 公正な事業慣行
(6.7) 消費者課題、(6.8) コミュニティへの参画およびコミュニティの発展

（出所）日本電気株式会社「（NECグループ）CSR調達ガイドライン〈お取引先様向け〉」（第 5 版）2017 年 12 月 28 日 11 頁

（注）スペースの都合で、左右両ページに分割した。

「持続可能な調達」に対する規格と認証の有効性は普及の可能性の高さと費用の低さに依存する。特に、食品や衣類のような消費財に関する規格は、安心・安全・健康等といった企業のブランドイメージに直結しており普及しやすいため、有効な場合が多い。加えて、市場で大きな地位を占めるグローバル企業が仕組み作りを主導すると、同業者がベンチマーキングするため一気に普及する。RSPO（後掲事例7参

（図表Ⅰ－1）NECグループがお取引先に要望する『具体的推進事項』

取り組みを要望する重点項目	具体的推進事項	関連するISO26000中核主題
CSR全般	CSR活動の積極的な推進 内部通報制度の構築 社会・地域への貢献	6.2 6.3/6.6 6.8
人権リスク	強制的な労働の禁止 非人道的な扱いの禁止 児童労働の禁止 差別の禁止 適切な賃金 労働時間 従業員の団結権 少数者への配慮 外国人労働者への配慮	6.3 6.3 6.3 6.3 6.4 6.4 6.3 6.3 6.3
労働安全衛生リスク	機械装置の安全対策 職場の安全 職場の衛生 労働災害・労働疾病 緊急時の対応 身体的負荷のかかる作業への配慮 施設の安全衛生 従業員の健康管理	6.4 6.4 6.4 6.4 6.4 6.4 6.4 6.4
製品の品質・安全性リスク	製品安全性の確保 品質マネジメントシステム	6.7 6.7
情報セキュリティリスク	コンピュータ・ネットワーク脅威に対する防御 個人情報の漏洩防止 顧客・第三者の機密情報の漏洩防止	6.7 6.7 6.7

照）のように普及が進んだ認証では、こうしたパターンで欧州の関係者が制定を主導するケースが頻繁にみられている。

ＢtoＢ型の企業では、ＩＳＯ９００１やＩＳＯ２７００１のように「製品・商品、サービス」のクオリティ・マネジメントに関連する規格は急速に普及することが多い。これに対して、ＩＳＯ２６０００やＩＳＯ２０４００のように「経営」を対象とする規格は、取り組みを推奨されるイシューと想定される利用者がともに多岐に亘るため認証に馴染みにくい。このことは、両規格が指針規格として発行されたことにも表れている。ＢtoＢ企業を対象とする規格と認証を機能させるためには、ＲＢＡ BOX1 が制度化しているサプライヤーへのＣＳＲ監査のように、業界団体主導で業種別あるいは製品・サービス別といった形で範囲を限定して制度を構築する必要があると考えられる。ＲＢＡの監査では監査結果の共有が認められており複数の納入先が監査を重複して行う必要がないため、

BOX1 RBA（Responsible Business Alliance）

RBAは大手電子機器・IT、小売、自動車および玩具関連企業を中心とする世界各国の 147 社(2019 年 7 月 4 日時点)によって構成される業界団体（本部は米国）。これらの産業およびそのサプライチェーンにおいて、労働環境が安全であること、そして労働者が敬意と尊厳を持って処遇されること、さらに環境への責任とともに、業務を倫理的に行うための基準を規定する行動規範を作成しており、この規範に基づいてサプライヤーに対する第三者監査をRBAが公認した監査者を通じて実施している。RBAメンバー間での監査結果の共有（RBA Audit Cooperation Program）が認められているため、監査の重複が無くなるという点がサプライヤーにとってのメリットである。

サプライヤーにとっても負担が軽減される点でメリットがある。

4．中小サプライヤーのＣＳＲに対する支援

サプライヤーのＣＳＲに関する能力形成への支援については、費用対効果を重視して行っている。情報セキュリティについては原則として全てのサプライヤーを対象として経営陣のための勉強会を開催し、体制の構築を求めている。特に重要なサプライヤーには、その他のイシューに対する支援も行っている。既に述べたＣＳＲのイシューに関する監査もその能力形成と継続的な改善を支援することを目的として無償で行っている。

5．ソーシャルビジネスを行う中小企業への支援

当社は、起業家の育成やスタートアップを支援する特定非営利活動法人エティックと連携し、２００２年以降「ＮＥＣ社会起業塾」を運営している。これは主にＩＣＴの活用で解決できる社会的課題に取り組む先駆的な社会起業家のスタートアップを支援する半年間のプログラムである。２０１８年３月末現在で60団体が卒塾し社会的起業家のプールが拡大しており、52団体が様々な地域・テーマで活発にソーシャルビジネスを展開している。社会価値創造企業としての当社の方針には、これらの社会的起業家や自治体、ＮＰＯ等と連携してソーシャル・イノベーション（筆者注：社会課題の緩和・解消に貢献するイノベーション）を起こし、社会課題の解決と地域活性

化を実現することが含まれる。ただ、既存の中小企業との連携については制度化されてないため、今後、社会的起業家だけでなく中小企業との連携の仕組みづくりを進めたいと考えている。

また、海外では、ＪＩＣＡ（国際協力機構）が２０１２年７月から実施している「ＢＯＰ層[2]の生活改善に貢献するスマートビレッジ事業準備調査」の一環として、インド農村部での雇用創出および都市部との所得格差の縮小という社会価値の創出を目的として、宮城県山元町のイチゴ生産者等と協働してインドでイチゴ作りに取り組んでいる。

６．中小企業のＣＳＲのドライバー

（１）法規制

中小企業でのＣＳＲ対応は、特定のイシューに関連する規制の導入時に急速に進むことが多い。２０００年代半ばに欧州でＲｏＨＳ指令[3]等が施行される前後に、国内の中小企業で環境面のイシューへの対応が急速に進んだ。その後、対応が一段落していたが、２０１５年に成立したパリ協定への対応を大企業が急速に進めているため、中小企業にも波及し対応がスピードアップする可能性があるだろう。人権のような社会面でのイシューについても、海外から技能実習生を受け入れ事実上の労働力としている国内の中小規模の機械・金属製造業に対して、国内での働き方改革の議論だけでなく、英国の現代奴隷法等の影響が及ぶかもしれない。

（２）マルチステークホルダー・アプローチ

中小企業にＣＳＲへの取り組みを促す方法として、マルチステークホルダー・アプローチが一段と重要性を増すだろう。納入先を含む業界団体のほかには、金融機関が重要なステークホルダーである。環境関連の中小企業向けの制度融資については、すでに公的金融機関だけでなく、民間金融機関でも行われている。また、ワークライフバランス関連の制度融資も公的金融機関で散見されている。今後は、人権関連のイシューに取り組む中小企業を対象としてＥＳＧ投資のようなファイナンスを行う仕組みが考えられてもよいかもしれない。例えば、労働金庫の出資者は労働組合と生協であるため、従業員や消費者の代表として、ファイナンスを通じて中小企業に対するステークホルダー・エンゲージメント（筆者注：ステークホルダーとしての「関与」、「働きかけ」）をできる立場にいるように思われる。したがって、労働金庫が中小企業での人権分野のＣＳＲに着目するファイナンスの仕組みを構築できないだろうか。ただし、その際には、労働金庫自身が資金供給先のＣＳＲあるいはＥＳＧの取り組みを適正に評価する体制を構築することが必要になるだろう。

事例2　味の素株式会社[4]

－バリューチェーン全体でのWin-Winを目指し中小企業のCSRをグローバルに支援－

所在地	東京都中央区　設　立　1925年（創業：1909年）
資本金	798億6,300万円（2019年3月現在）
従業員	単独　3,494名（2019年3月現在） 連結　34,504名（2019年3月現在）
事業内容	調味料・加工食品、冷凍食品、コーヒー類、加工用うま味調味料・甘味料、動物栄養、化成品、アミノ酸の製造・販売等

1. 中小サプライヤーのCSRへの取り組み状況

CSRには、社会貢献等をビジネスに活かす「攻め」の部分と、人権保護の対応など「守り」の部分がある。企業規模の大小を問わず、前者については社内の理解を得やすいが、後者への理解を得ることは容易ではない。国際的にみると、バリューチェーン全体でCSRを果たすべきであるとの期待・要請がこのところ高まっており、特に、後者に属している「人権」[5]に関連する取り組みが一段と注目を集めている。ただCSRには取り組むべきイシューが多いため、人手と資金に限りのある中小企業では、大企業と同じように取り組むことは難しい。

欧米は、「契約」をベースとして社会が構成されており、市民社会としての成熟度が高い。ＮＧＯのような市民社会組織（ＣＳＯs）がバリューチェーンの末端に位置する消費者を組織化して不買運動で企業に圧力をかけることができるだけの影響力を保持している。この結果、ＮＧＯ等はグローバル企業と対等に議論している。一方、グローバル企業は、ＮＧＯからの監視への対応として、契約に基づいてバリューチェーンの上流に位置するサプライヤーに対して監査を実施し、ＣＳＲへの取り組みが不十分な場合には取引を打ち切ることも少なくない。このため、ＣＳＲの状況をＳＡＱ[6]で確認することへのコンセンサスが形成されており、欧州のサプライヤーからは適切な回答が返ってくることが多い。また、ＥＳＧ投資による投資先企業に対するエンゲージメントの影響が投資先企業のサプライチェーンの上流に伝播していることや、パリ協定への対応が急速に進んでいることを背景として、環境対応の水準が高まりつつある。

当社を含めて日本を母国とするグローバル企業は、多くの場合サプライヤーと協力的関係を構築して品質・生産性の長期的な向上を目指している。ただ、日本の社会は基本的に性善説で成り立っているため、特に中小サプライヤーでは生産現場への異物の持ち込みや部外者の侵入等に対する防御が不十分で品質管理面でのリスクが高いケースが少なくない。また、ＳＡＱの結果をみても、品質管理にとどまらずＣＳＲ全体に対する認識があまり高くない。環境対応については、これまで中小企業も含めて日本企業の水準は高かったが、上述のように欧州で急進展しており、日本が優位性を維持できなくなる可能性がある。

むしろ、日本企業に納入する中国のサプライヤーの方が日本のサプライヤーよりも先進的なCSRの体制を構築しているケースがある。中国の食品会社で労働条件に不満を持っていた従業員によって餃子に農薬が混入され、輸出先の日本で健康被害が生じた事件以降、米国で開発されたテロ対策を源流とする「食品防御（food defense）」の取り組みが中国で急速に進んだ。これは、作業場等への監視カメラの設置、入退場者の記録等によって、生産施設への意図的な異物混入等のリスクを抑制し品質を管理することを目的としているが、労使関係や職場の安全・衛生等の人的要素についてもリスク管理の対象となっている。この結果、一部の企業では品質管理だけでなく、労働慣行についてもCSRの水準がかなり高まっている。

2.「持続可能な調達」の基本方針と体制

当社のCSR調達（筆者注：持続可能な調達）の基本方針では、「サプライヤー全体でともに学び、ともに強くなる」ことを重視している。当社のサプライヤーの大宗は海外の食品関連の事業者であるが、調味料や冷凍食品は日本の中小企業からも調達している。サプライヤーに対して、2013年に制定した「サプライヤーCSRガイドライン」に沿った取り組みを「お願い」[7]しており、SAQでの自己診断を要請し、その結果のフィードバックを通じて継続的に改善を促している。加えて、CSRのイシューの中で特に安心・安全の基礎となる品質管理については当社が監査を行っている。なお、環境保護については、サプライヤーから調達する原材料は加工度の低い食材がほとんどであるため、生産工程の管理が適切であれば、大きな問題が起きるリスクは低いと考えている。

3.「持続可能な調達」に対する規格と認証の有効性

日本では欧州と異なり、特定のイシューに関する規格への準拠が認証されている製品・商品であってもその価格にCSRへの取り組みに対するプレミアムが上乗せされない。これは、バリューチェーンの末端の消費者が認証を意識した購買活動をしていないためである。このような状況にあるため、国際的なハンバーガーチェーンが日本ではMSC BOX2 認証水産物やFSC認証紙（後掲事例6参照）を使用していない。この結果、食用油を生産販売する子会社によると、環境保護・社会貢献をブランディングに活用しようとしている一部の大手チェーンストアを除くと、RSPO認証油（後掲事例7参照）に対する販売先（小売業者等）のニーズが低く、かえって通常品と同じ単価での納入を求められかねないとのことである。

BOX2　MSC（Marine Stewardship Council：海洋管理協議会）
MSCは世界の水産資源の維持・回復や海洋環境の保全を目指し、認証とエコラベルを通じて持続可能で適切に管理された漁業を推進している国際的なNPO。MSC認証には、持続可能で適切に管理されている漁業であることを認証する「漁業認証」と、流通・加工過程で、認証水産物と非認証水産物が混じることを防ぐ「CoC（Chain of Custody、加工・流通過程）認証」の2種類がある。

４．中小サプライヤーのＣＳＲに対する支援

２０１７年に見直した当社グループのマテリアリティ項目（重要性の高い項目）をみると、「サプライヤーのＣＳＲ推進」の事業にとっての重要度が高い。当社自体のＣＳＲについては水準が高いこともあり、社外の有識者からは、事業と社会の両面で「サプライヤーのＣＳＲ推進」の重要度を引き上げるべきとの意見が多い（図表Ⅰ－２）。このため、特に、中小サプライヤーに対する支援の高

（図表Ⅰ－２）マテリアリティ項目の中で、重要度を上げるべきと回答された主な項目（複数回答）

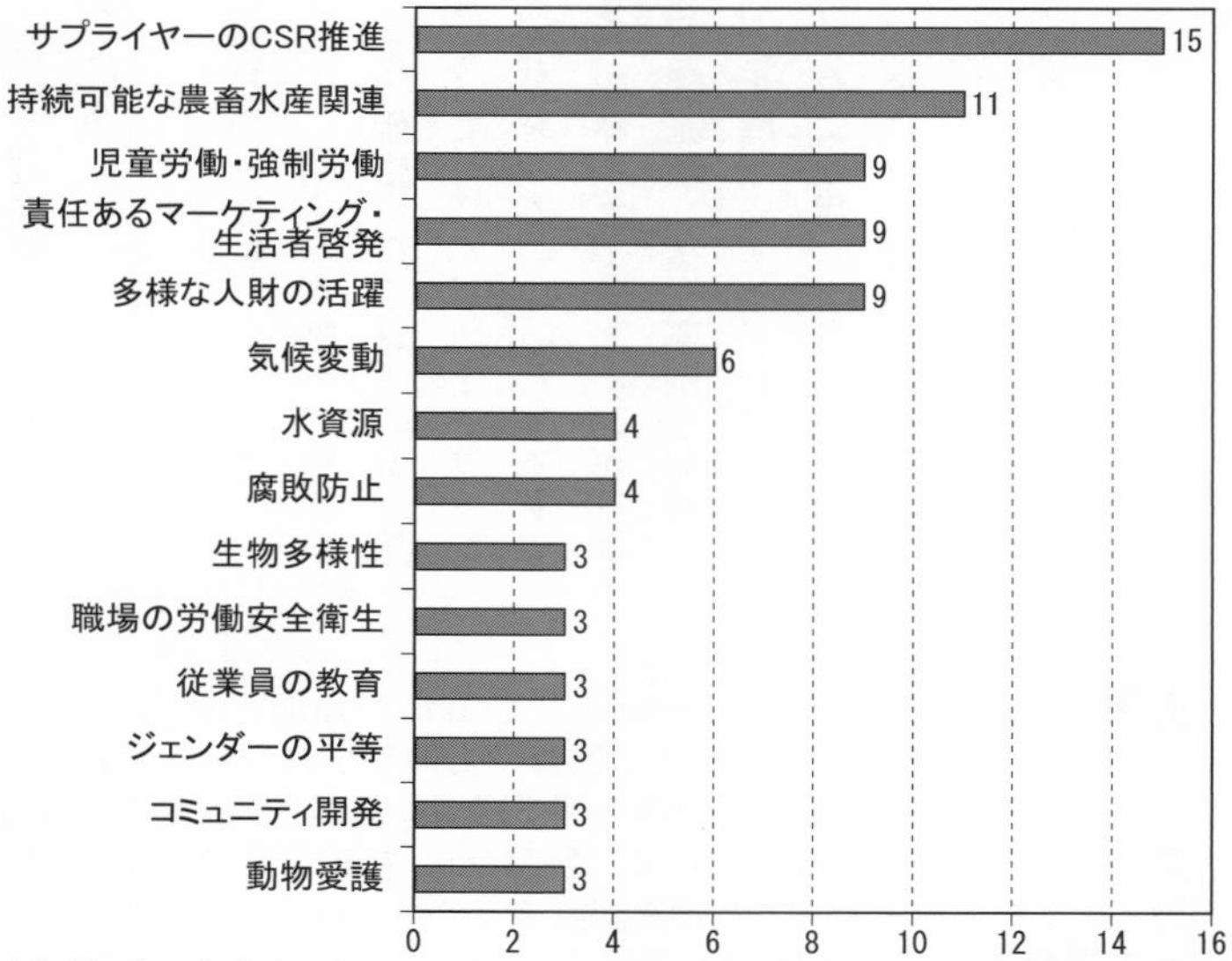

（出所）味の素「味の素グループ　サステナビリティデータブック 2017　人と地球の未来のために―」、8頁

（注）味の素グループの活動に対する理解のある社外有識者 56 名を対象とする SDGsアンケートの結果（2016 年 8 月実施）。

度化が必要と考えている。第一に、２０１７年度に実施した「外国人技能実習制度の活用実態調査」の結果を踏まえて、サプライヤーとの面談を通して労働・人権問題が発生しないように課題の共有とリスクの低減を図る予定である。[8] 第二に、環境面ではCO_2排出や食品ロスの削減[9]について、バリューチェーン全体で取り組みを検討していきたい。第三に、当社グループの役員・従業員の法令違反等の早期発見と是正を目的として２０１８年６月に設置した「サプライヤーホットライン」を将来的にはサプライチェーンに広げて人権・環境問題などを発見する手段の一つとして活用する方針である。

５.ソーシャルビジネスを行う中小企業への支援

当社は、国内外でソーシャルビジネスへの支援を行っている。ガーナで実施している「ガーナ栄養改善プロジェクト」は、米国のＮＰＯやガーナ大学、ガーナ保健省、日本のＪＩＣＡ（現、国際協力機構）、米国のＵＳＡＩＤ（国際開発庁）からの協力・支援を受け、現地の乳幼児向けの発酵コーンの粥に混ぜて栄養を強化する機能性食品の開発とその流通経路の整備と販売を行っている。さらに、現地の中小食品メーカーに対して、品質管理の技術指導を行った上で当社が生産を委託しており、乳幼児の栄養状況の改善に加えて現地の雇用・経済への貢献も目指している。

国内でも中小企業と連携して社会課題の緩和に寄与するソーシャルビジネスを行っている。愛知県では野菜摂取量が少ないことが課題であるため、行政・野菜生産者・大学・マスコミ等と連携して摂取拡大に取り組んでいる。手軽に野菜を食べられる料理のレシピを管理栄養学科の大学生が開発し、当社のWebサイトで紹介するとともに、協働して作成したメニューブックを地元スーパーの野菜売り場で配布した。また、塩分摂取量の削減が課題となっている東北では、だしの「うま味」を活かした減塩メニューの開発を青森県に提案した。これを契機として県が開始した「だし活！健活！減塩推進事業」に当社は積極的に参画し、地元スーパー等を対象とする勉強会の開催や減塩メニュー普及のためのイベントの企画などに協力している。こうした取り組みの結果、当社の調味料の消費拡大だけでなく、地元スーパー等の食品の販売にも寄与している。このように、中小企業にもメリットがある共通価値を創造するソーシャルビジネスは理解を得やすい。

6．中小企業のCSRのドライバー

（1）バリューチェーンからの働きかけ

中小企業には様々な性質のものがある。競争力の維持や人材確保のために所在する地域への貢献を行う老舗企業もあれば、販売先が行う「持続可能な調達」の影響でCSRに取り組む中小サプライヤーもある。一方、途上国から来日した技能実習生を「安価な労働力」と考える一部の企業が、賃金の不払い（最低賃金以下の支払を含む）や旅券・在留カードの取り上げ等による行動の自由の制限等の悪質な人権侵害行為を行っていると報道されることがある。[10] 実際、米国国務省の「２０１８年国別人権報告書」でも日本の技能実習制度は問題視されている。このため、人権問題に敏感な海外（特に欧州）のＥＳＧ投資家が今後、不適切な行為を行っている企業をサプライヤーとしている投資先に対して、サプライヤーへの改善指導を行うように圧力をかける可能性を否定できないように思われる。

こうした状況下、２０１９年４月から企業が特定技能を有する労働者として外国人を直接受け入れることが可能となったこともあり、同年６月にベトナムとミャンマーの行政機関と技能実習生の送り出し機関の現地調査のミッションに参加した。その結果、外国人労働者の採用費用の算出基準と負担者の明確化、業界団体によるルール作りなどの点で欧米に学ぶ必要があることが分かった。特定技能労働者に関しては、現時点では技能実習生からの移行が中心であるが、近い将来、個々の中小企業が途上国の送り出し機関と直接接触し採用することも考えられる。

しかし、中小企業は採用に必要な知識・スキルを欠くとみられるため、事業協同組合・商工会等が、技能実習生の第一次受入機関としての経験を活かして、中小企業に対する特定技能労働の趣旨の徹底や受け入れ後のフォロー等の適切な支援を行うことが期待される。同時に、欧米にならった外国人労働者採用に関するルールの作成に貢献し、中小企業の支援機関として送り出し機関に接触する場合にそのルールを遵守することが求められる。一方、中小企業には、販売先、特にＳＤＧｓや人権保護に取り組むグローバル企業との取引関係維持のために、外国人労働者の人権に従来以上に適切に配慮することが求められるようになるだろう。

このようなことから、多様なステークホルダーの間で、CSRを「行うことのメリット」と「行わないことのデメリット」、あるいは「不適切な行為を行うことによるリスク（例：採用活動ができなくなる）」に関する社会的な合意が形成される必要があると考えられる。中小企業がこれまでよりもCSRに積極的に取り組むためには、バリューチェーン全体での社会課題の共有と合意を通じて、CSRによって高まった企業や製品のブランド価値のプレミアムをバリューチェーン全体に配分する仕組みが必要と考えられる。ただ、このような仕組みが機能するのは、アパレルやスポーツ用品のようにサプライヤーの製品が納入先の「ブランド」に密接な関係を持つ場合であり、調味料のような「コモディティ」では難しいだろう。

また、BtoBの中小企業にCSRの必要性を認識させることは難しい。これは第一に、中小企業が消費者からの圧力に直接対峙することがないためである。第二に、欧米で重視されている人権問題は、例えば母子家庭の貧困問題のように日本にも存在しているが、多くの場合、中小企業のビジネスに直接関係しないためである。この状況を改善する方法として、欧州では入札企業のCSRへの取り組み状況を公共調達の評価項目とすることが一般化している。日本でも「東京2020オリンピック・パラリンピック競技大会　持続可能性に配慮した調達コード」を先駆けとして、政府が公共調達の評価項目としてCSRを本格的に導入すれば、大企業だけでなく中小企業でもCSRに対する認識が高まると考えられる。

（2）ESG投資

今後、欧州の機関投資家が日本企業へのESG投資を本格化すると、投資先企業のサプライヤーが不適切な行為を行っている場合、ブランド価値の低下や不買運動などによって投資先企業の株価が下落するリスクが生じる。こうしたリスクを削減するために、投資家が投資先企業に対する関与（エンゲージメント）を強め、さらに投資先企業がサプライヤーに対して、リスクを内包する行為や慣行の改善を求めるエンゲージメントを行う可能性がある。実際、欧州ではダイバーシティ（人材の多様性）というCSRのイシューについてESG投資家から評価を得るために男性経営者の会社から女性経営者の会社にサプライヤーを替える上場会社もある。[11] 欧州の機関投資家が日本の投資先企業に対してもこのような取り組みを求める可能性がないとは言えない。つまり、ESG投資を通じて、国際的な課題への取り組みを促す圧力が日本のサプライチェーンにも波及することも考えられるのである。ただ、日本でもGPIFのESG投資への取り組みの本格化が見込まれるものの、現状では日本の投資家は欧州に比べると人権問題に対する感度が低い。

（3）マルチステークホルダー・アプローチ

中小企業がソーシャルビジネスに取り組むには、地域の社会課題にフォーカスし、自社に足りないリソースやアイデアを持つステークホルダーと連携するマルチステークホルダー・アプローチが重要である。これには、行政や異業種の企業のようなバリューチェーンに属さないステークホルダーからの支援も役立つ。ただし、取り組むべき社会課題について合意することなく、ステークホルダーの糾合を優先すると、マルチステークホルダー・アプローチは機能しないだろう。

また、海外からの技能実習生の人権保護に関しては、監理団体が受け入れ先の中小企業に対して制度の趣旨の説明や受け入れ後のフォロー等、適切なエンゲージメント（関与）を行うことが重要である。なお、技能実習生の人権との直接的な関連性は薄いが、中小企業には実習生と地域の交流を仲介するような取り組みもできるのではないだろうか。当社のサプライヤーがこれに取り組んだ結果、地域の活気が高まったと住民から感謝され、実習生にも日本の良さを認識してもらえ国際交流に寄与したという例もある。こうした取り組みは中小企業の地域でのレピュテーションを引き上げ、リスクに対する耐性を高めることにもなるのではないだろうか。

事例３　美津濃株式会社（ミズノ）[12]

－最先端のＣＳＲ調達体制でサプライチェーンのリスク管理を目指す－

所在地	大阪府大阪市　　設　立　１９０６年
資本金	２６１億３，７００万円（２０１９年３月現在）
従業員	単独１，８３７名（２０１９年３月現在） 連結４，４４２名（２０１９年３月現在）
事業内容	①日本：スポーツ品全般の製造及び販売、スポーツ施設の建設工事、運営及び運営受託、スクールビジネス並びにスポーツ機器の製造・販売 ②欧州：スポーツシューズ、スポーツウェア及びゴルフ品の販売 ③米州、アジア・オセアニア：スポーツシューズ、スポーツウェア、ベースボール品及びゴルフ品の製造又は販売

１．ＣＳＲ調達の端緒と基本方針

当社は２００４年からＣＳＲ調達に取り組んだ。そのきっかけは、同年のアテネオリンピックの前に、人権ＮＧＯ・国際的な労働組合が当社を含む複数のスポーツブランドを対象として、オリンピックに合わせた商品調達のために途上国の労働者に過酷な労働を強いているとのネガティブキャンペーンを展開したことである。これを受けて当社は、基本方針として、自社のモノづくりが工場で働く人々や地域社会に与える影響を認識し、サプライヤーに経営や労働環境の改善、生産効率化や競争力強化といったメリットをもたらすものとなるよう、また、地域社会にプラスの影響をもたらすものとなるよう、サプライヤーとの信頼と協働に基づくCSR調達を推進している。

2.サプライヤーの状況（図表Ⅰ－３）

現在、当社は国内４工場と上海工場で自社生産を行っている。ただ、完成品の生産全体の９割を占めているのは、中国・東南アジアを中心とする海外と日本国内の１次サプライヤー（４０９社）の工場でのＯＥＭ生産である。アジアには従業員数が数千人に及ぶサプライヤーがある一方、日本では多くが１００人以下であり、10人以下のサプライヤーも存在する。先進国ではサプライヤーの数は少なく規模は大小さまざまである。国内のサプライヤーは、短

（図表Ⅰ－３）国・地域別の１次サプライヤーの状況（構成比：％）

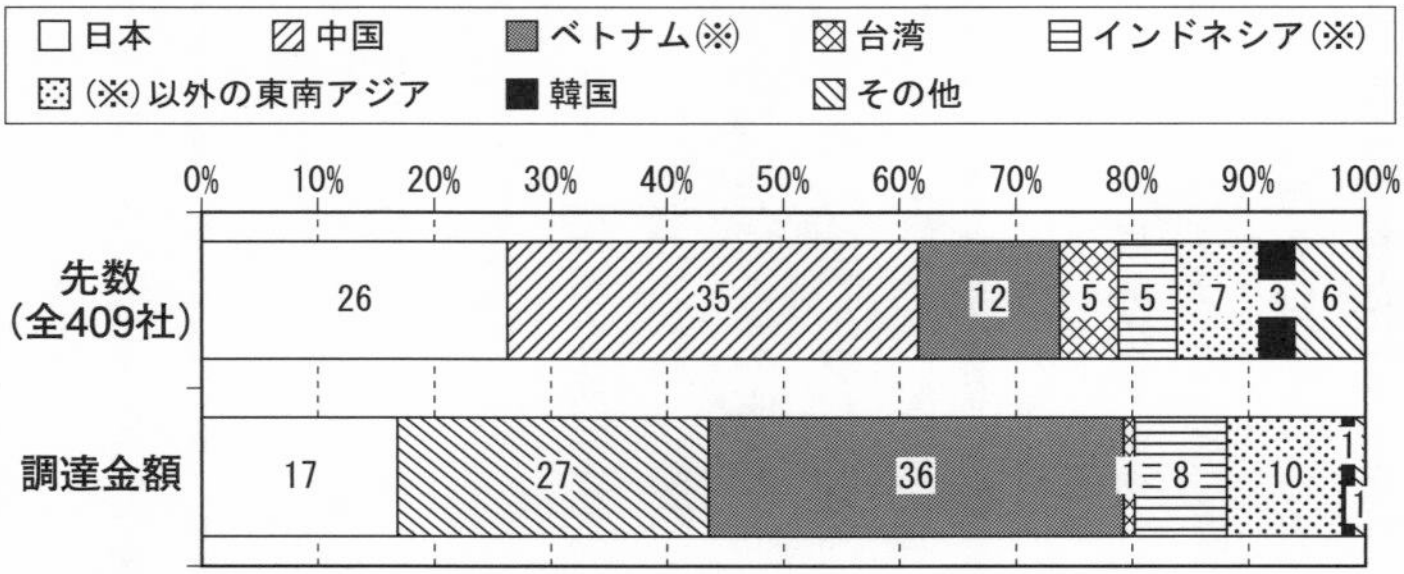

（資料）ミズノWeb
（注）・2019年４月１日時点。
・「（※）以外の東南アジア」は、タイ、フィリピン、ミャンマー、カンボジアの合計。
・四捨五入の関係上、内訳の合計は100に一致しない。

納期の製品作り（例：高校野球の地方予選突破で、２週間後の全国大会出場にユニフォームを新調、等）や当社がサポートしているアスリートの個人対応などに不可欠である。

年間取引金額、占有率、その他調達品の重要性等を基準として、当社の事業継続や事業価値にとって影響の大きいサプライヤーを「重要なサプライヤー」と判断している。１６３社が該当しており、１次サプライヤーの総数に占める割合は40％であるが、当社の調達金額の93％を生産している。また、重要なサプライヤーの内、60％が当社を大口納入先としている。

３．ＣＳＲ監査の体制（図表Ｉ－４）

ＣＳＲ調達の実効性確保のための中核的方策が「ミズノＣＳＲ調達規程」に基づいて行うＣＳＲ監査である。取引中の重要な１次サプライヤーの監査については、世界銀行のワールドガバナンスインジケータを参考に当社が独自に作成した国別リスク評価を用いて対象とする国と工場を決定している。この基準に照らすと日本は対象外になるが、外国人技能実習生を受け入れている日本国内の工場は監査を行っている。工場を直接訪問し、３年毎にミズノ「ＣＳＲ調達行動規範」に定める内容の遵守状況についてＩＳＯ２６０００をベースとしてモニタリングを実施している。このモニタリングは、オープニングミーティング、工場監査、書類監査、従業員インタビュー、クロージングミーティングにより構成され、人権、労働慣行、環境について通常は複数の監査員が１日から数日かけて行っている（監査への協力の姿勢も評価している）。

(図表Ⅰ－4）CSR監査の流れ

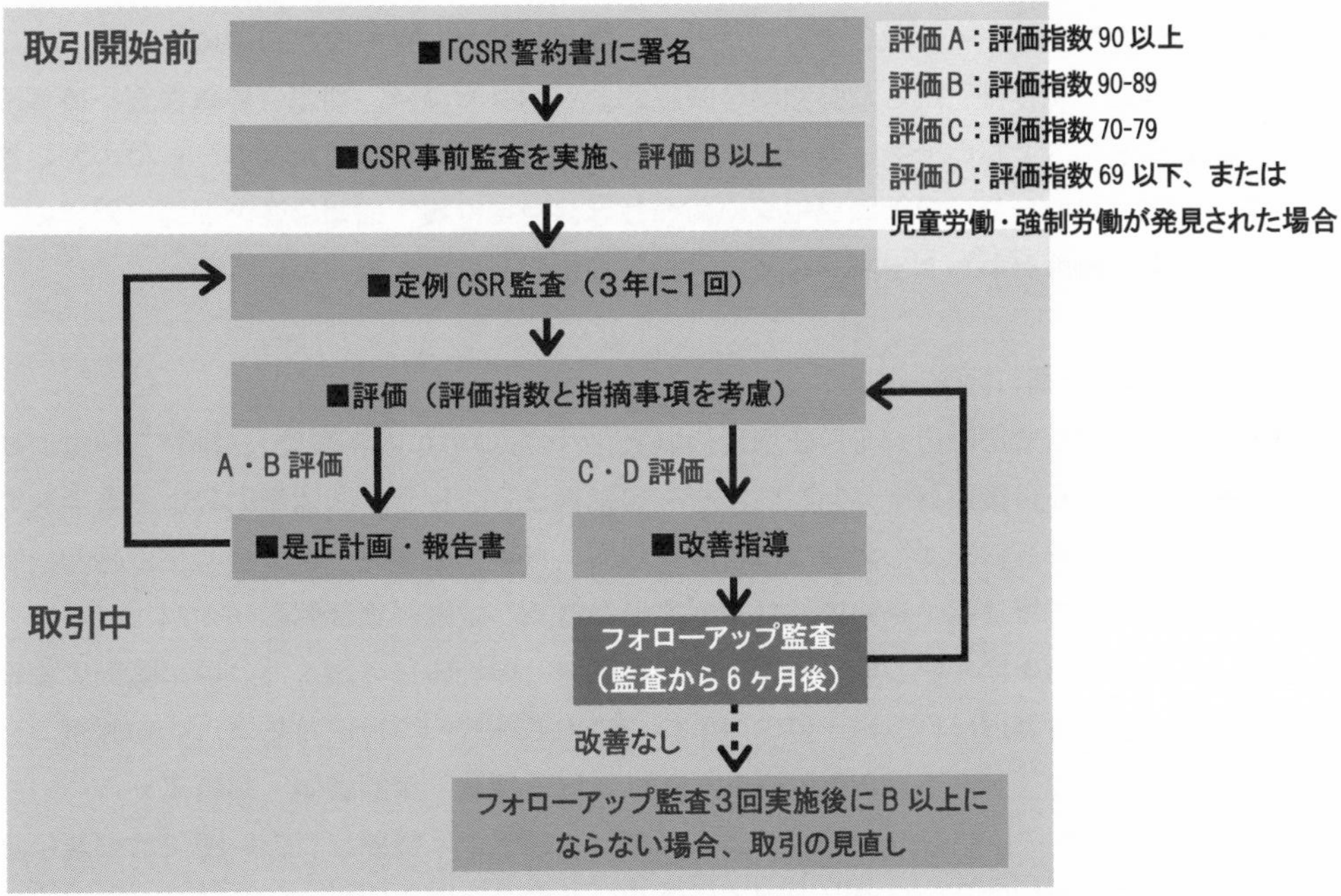
取引開始前
■「CSR誓約書」に署名
■CSR事前監査を実施、評価B以上
評価A：評価指数90以上
評価B：評価指数90-89
評価C：評価指数70-79
評価D：評価指数69以下、または
児童労働・強制労働が発見された場合
取引中
■定例CSR監査（3年に1回）
■評価（評価指数と指摘事項を考慮）
A・B評価
C・D評価
■是正計画・報告書
■改善指導
フォローアップ監査
（監査から6ヶ月後）
改善なし
フォローアップ監査3回実施後にB以上に
ならない場合、取引の見直し

（出所）ミズノWeb

監査結果をＡからＤの４段階のランクで評価している。問題が発見された場合は、適切な是正措置を共同で考え、ランクＣ以下の場合は６ヵ月後に再びフォローアップ監査を行っている。

新規サプライヤー候補工場に対しても原則として事前に「ミズノＣＳＲ調達行動規範」、「ミズノＣＳＲ誓約書」、「ミズノＣＳＲ調達ガイドライン」の３文書を渡し、解説書である「ミズノＣＳＲ調達ガイドライン」を用いて説明を行いＣＳＲ調達への理解を求めた上で、ＣＳＲの事前評価のための監査を取引開始前に実施している。ただし、人権面等のリスクが非常に高い、ごく一部の国での製造は原則禁止としている。２０１８年度には取引中と新規候補の工場の合計33工場の監査を行った。

中国を除く海外ではＣＳＲ監査の専門会社に監査を委託し、国内と中国ではその専門会社から監査員教育を受けた当社社員が監査を行っている。なお、中国では当社の現地法人社員が監査を行うが、担当の社員に当社の国内工場の監査をさせ、国内社員の監査結果と比較するなど、監査水準の向上のためのトレーニングを行っている。

ＣＳＲ監査は問題が顕在化した際のリスクの未然防止を目的としており、問題が発見されたとしても直ちに取引を停止することはなく、適切な是正措置を考え、対話と働きかけによって状況を改善することが重要と考えている。このため、監査後のサプライヤーへのフィードバックを重視している。

ＣＳＲ評価の国別平均点を見ると、全体の平均は評価Ａに該当する90であるが、調達金額の大きいベトナム（87）及び中国（88）の平均は評価Bに該当するものであり、今後も改善を指導する方針である。

4．CSR監査以外の対応

特にリスクの高い地域においては、監査以外でも当社のCSR担当者が工場視察で現状確認を行い、是正が必要な場合はアドバイスを行っている。その際には、当社のCSRに対する考え方とCSRの意義についても説明し、一方的な押し付けではなく、それらを理解し納得した上で取り組んでもらえるようにしている。２０１８年度は、日本とタイの縫製工場、中国のなめし工場とメッキ工場などで現地視察を行った。

5．CSR調達の課題

（1）CSR監査の規格化・共通化

海外では、大規模なサプライヤーの工場の建屋Aでは当社の製品、別の建屋Bでは同業他社の製品を生産しているという場合もあるため、当社に対する依存度が低ければ、サプライヤーが監査結果に基づく改善要請に従わないリスクがある。また、同じ工場が複数のブランドの製品を受託して製造している場合、それぞれのブランドからの監査を受入れ、対応しなければならないといった監査の重複や、要求事項の違いなどが問題となっている。この点に対するサプライヤーからの改善要望を受けて、業界団体やその他のイニシアティブで取り組みが進んでいる。具体的には、ＲＢＡのＣＳＲ監査のように、業界団体主導で監査の規格を統一し認証された監査結果を共有するためのモデル事業が海外で始まっている。

（２）高次のサプライヤーへの対応

当社と直接的な関係をもつ１次サプライヤーの先の２次・３次サプライヤーについては、全サプライヤーをＣＳＲ監査の対象とすることは難しい。このため、人権、労働、環境への著しい影響が発生するリスクの高い領域に焦点を絞った取り組みを進めている。現在、ゴルフクラブのアイアンヘッド等のメッキ、繊維素材の染色、野球グラブやシューズ用の皮革なめし等、リスクが高いと思われる２次・３次のサプライヤーの把握に努めている。

２０１７年度には、２次・３次のサプライヤーの実情を把握するため、日本の金属加工工場とタイの生地染色加工工場を視察した。２０１８年度には、中国のメッキ工場、ベトナムの皮革なめし工場、シューズのアッパー（甲皮材）工場、シューズのゴム底工場でＣＳＲ監査を実施し、この監査チェック項目の有効性の評価を進めている。今後、メッキ工場と皮革なめし工場でも同様の手法で有効性を確認していく方針である。このように、環境に著しい影響を及ぼす可能性のある２次・３次のサプライヤーを特定し、ＣＳＲ調達への理解を求め、適切な監査内容を決定した上で監査を実施することが課題である。

6. マルチステークホルダー・アプローチでの連携

特に海外の製造委託先工場におけるCSRの改善は、その分野に知見をもつ国内外の団体との共同での取り組みが有効と考えられることから、こうした団体との協働にも積極的に取り組んでいる。

当社はアムネスティ・インターナショナル、セーブ・ザ・チルドレン（子ども支援専門の国際NGO）、ユニセフ等の日本支部や中国の環境NGOと情報交換を行っている。これらのNGOからの照会は、当社のサプライチェーンでのCSRを改善する上で、早期警戒のアラームになりうる。

また、製造委託先工場の労働者の人権保護、労働条件の向上のために正当なパートナーとして尊重し協力し合うことを目的として、当社は2011年にITGLWF（国際繊維被服皮革労組同盟。現在のIndustriALL）、UIゼンセン同盟（現在のUAゼンセン（全国繊維化学食品流通サービス一般労働組合同盟））、ミズノユニオンと「グローバル枠組み協定」に署名した。これらの労働団体と協働して、ILO（国際労働機関）が定める中核的労働基準（結社の自由、団結権の保護、児童労働の廃止など）の適切な実施に向けて取り組んでいる。なお、海外のサプライヤーに対するNGOの抗議は、当社のCSR監査の評価と大幅に乖離していることがある。そのような場合は、グローバル枠組み協定を活用し、これらの労働団体と共同で再監査することで、監査の信頼性を高め、抗議するNGOに対抗することもある。

なお、政府が力を入れているＳＤＧｓの達成に寄与する取り組みを高度化するために、今まで連携が密でなかったタイプのステークホルダーとの関係作りが必要になるかもしれない。

７．ＣＳＲ調達の展望

特に発展途上国では、ＣＳＲ監査での不適合項目の是正だけでは根本的な人権・労働・環境に関する問題の解決にはつながりにくい場合がある。工場でのＣＳＲの実行に向けたキャパシティ・ビルディング（能力向上）に力を注ぐ必要があると考えており、仕入先を対象としたＣＳＲ調達セミナーを開催している。２０１７年度は11社21名、２０１８年度は４社６名が受講し、ＣＳＲとサステナビリティに関する世界の潮流と当社の取り組み、これまでのＣＳＲ監査で指摘された主要な問題点と是正の進め方について理解を促した。

キャパシティ・ビルディングと一体をなす措置として、サプライヤーで働く労働者の苦情を、製造元メーカーが直接受け付ける通報窓口（苦情処理システム）を設ける動きが広がりつつある。すでに一部の同業者が取り組みを始めているが、通報者の保護・救済の実効性をどのように確保するかが課題とみられる。当社にとっても、実効的な通報体制の構築が今後課題になると考えられる。

❷ 持続可能な調達への中小企業の対応

事例4　トーヨーニット株式会社グループ[13]
―販売先大企業に協力して持続可能な調達に自ら取り組むサプライヤー―

トーヨーニット株式会社（中核企業）

所在地	三重県四日市市　設立　1895年（株式会社化1921年）
資本金	9,200万円　従業員　79名（2019年4月時点）
事業内容	スイムウェア製造
資本構成	東洋紡株式会社全額出資子会社

九州トーヨーニット株式会社（トーヨーニット㈱全額出資子会社）

所在地	鹿児島県霧島市　設立　1970年
資本金	4,875万円　従業員　132名（2019年4月時点）
事業内容	スポーツウェア製造

PT．RICKY SPORTINDO（トーヨーニット㈱全額出資子会社）

所在地　インドネシア・ボゴール県　設立　2014年
資本金　30億ルピア　従業員　300名（2019年4月時点）
事業内容　スポーツウェア製造

1．沿革

当社グループの中核企業であるトーヨーニット株式会社（以下、当社）の源流は、1895年に10世伊藤伝七（東洋紡2代目社長）が設立した合資会社メリヤス商会である。1896年に肌着等の生地生産から縫製までの一貫製造を開始し、1921年に株式会社化、1964年に現社名に改称した（1976年から縫製専業に転換）。美津濃株式会社（以下、ミズノ）向けには1950年よりスポーツウェア、1952年よりスイムウェアの製造を行っている。1957年に東洋紡が資本参加、現在は全額出資子会社として同社の繊維部門の一翼を担っている。

また、1970年には鹿児島県霧島市に同市の企業誘致第1号として九州トーヨーニット株式会社（以下、KTK）を設立、パンティストッキング等の製造を開始した。その後、1984年からはスポーツウェアの製造を手掛けている。さらに、2014年にはインドネシアに合弁会社PT．RICKY SPORTINDO（以下、RICKY）を設立した。

2. 事業の概要

当社グループは四日市、鹿児島、インドネシア、中国、ベトナムにスイムウェアとスポーツウェアの生産拠点を有し、生産能力は国内外の協力工場を含めて月産26万着に及ぶ（図表Ⅰ－５①、②）。主力製品は、当社が製造する競泳用水着（キャップ等を含む）、ＫＴＫ及びＲ－ＣＫＹが製造するスポーツウェア（ニット製の競技ユニフォーム、トレーニングウェア、学校体操服等）である。

国内では主に高付加価値の特注品を生産している。当社は超音波融着で無縫製の競泳用水着を製造しており、水中での摩擦が小さくトップアスリートをユーザーとしている。また、ＫＴＫは各種スポーツのユニフォーム等を短納期で生産している。これは、型紙（転写紙）に印刷されたＣＡＤ製のデザインを生地に昇華転写して製造するもので、特殊な大型インクジェットプリンターを使用している（図表Ⅰ－５③）。

一方、海外では主に普及品を製造している。中国では1つの協力工場（江蘇省通州市）でスポーツウェア等を、ベトナムでは2つの協力工場（ハノイ市近郊）でスイムウェア、コンプレッションアンダーウェア及びストレッチ素材の陸上競技用ウェアを、インドネシアでは、Ｒ－ＣＫＹの工場とジャカルタ近郊の協力工場の2ヵ所でスポーツウェアを生産している。売上高の内、9割超（スイムウェア３割、スポーツウェア６割）をミズノ向けが占めており、残りは東洋紡ＳＴＣ株式会社[14]向けである。

（図表Ⅰ－5）トーヨーニット株式会社グループの生産拠点・生産能力・設備

①生産拠点

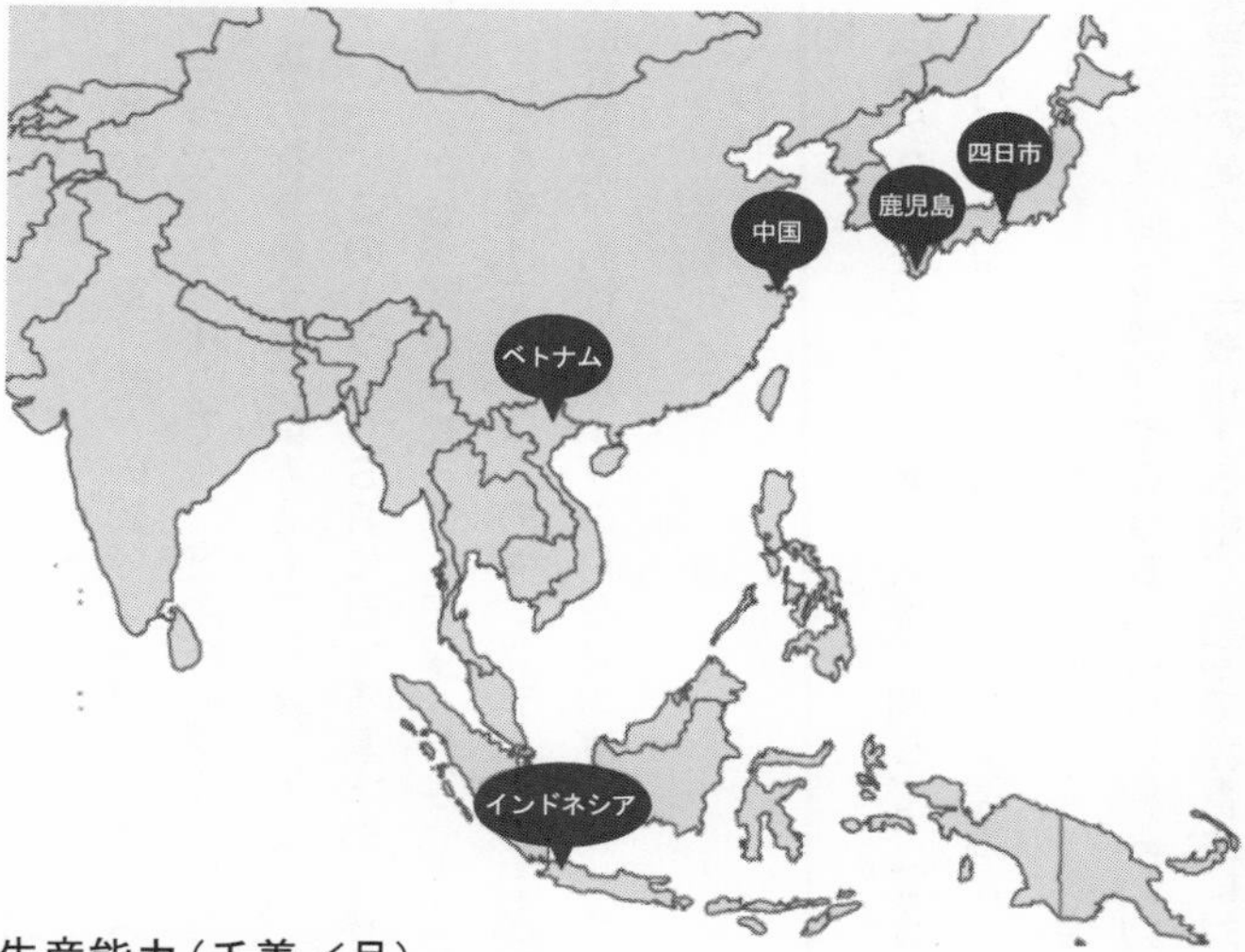

②生産能力（千着／月）

	スイムウェア	スポーツウェア	合　計
国　内	15	39	54
海　外	95	115	210
全　体	110	154	264

③設備（インクジェットプリンター）

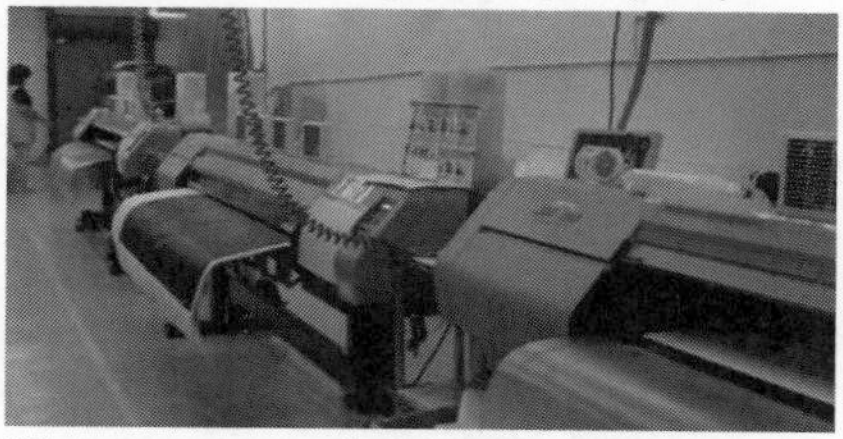

（出所）トーヨーニット株式会社Web、及び同社からの聞き取り。

3．ＣＳＲへの取り組みの端緒

当社では以前から、東洋紡との間でコンプライアンスやＣＳＲについての各種通知・報告の情報交換等を行っていた。社内でも、東洋紡のグループコンプライアンスマニュアル（毎年改訂。当社グループの従業員全員に配布されている）があり、従業員間でのマニュアルの読み合わせが実施されていた。このようにＣＳＲに対する基本的な体制が構築されているところに、主力販売先であるミズノから、関係会社・協力工場・外注先を含めて、ＣＳＲ監査を実施したいとの要請を受けた。これを受けて、ミズノのマニュアルや自己診断のツールを用いて体制整備を行っており、この監査要請が当社グループのＣＳＲの高度化に大きなインパクトを及ぼした。

4．ＣＳＲへの取り組み

（1）労働・人権

ミズノのＣＳＲ監査では、労働・人権に関して、賃金規定、賃金台帳、社会保険や技能実習制度の関連資料、就業規則の遵守状況等について詳細なモニタリングが行われる。国際情勢の変化で、「グレーな慣行」がもはや許容されなくなっているため、当社としても労働・人権面でのコンプライアンス（法令遵守）やＣＳＲへの取り組みに力を入れている。国内の様々な職場で外国人技能実習生の受入が一般化する中、一部で実習生に対する人権侵害行為が近年問題化している。

当社でもベトナムから受け入れている17名の女性実習生について、労働法の遵守は当然として、来日時の歓迎会、帰国時の送別会、あるいはバーベキュー等のレクリエーションを通してワークライフバランスへの配慮と日本社会に対する理解の促進にも気を配っている。また、社内では安全衛生委員会（毎月開催）において部署間で交換した安全衛生に関する情報を各職場に浸透させている。加えて、人権関連の相談窓口も社内と社外に設けている。

（２）環境保護・地域社会への貢献

定期的に工場周辺の清掃活動を従業員で行うことや、近隣の小学校の社会見学を受け入れる等の取り組みによって地域社会に貢献している。また、省エネルギーと節水にもできる限り努めている。環境汚染の防止に関しては、当社では廃液が出ないためリスクは小さいが、ＫＴＫではインクが染み込んだ型紙の廃棄を産業廃棄物処理業者に委託しているため、業者からマニフェストを徴求して適正に保管するなど、法令遵守を徹底している。

（３）品質管理

社内外の品質会議や国内外の生産現場に技術指導員を駐在させることで、品質の維持・向上に努めている。こうした取り組みの結果、多数の従業員がミズノから製品技術認定者に指定されている。

5．ＣＳＲへの取り組みの効果

第一に、安全衛生の水準向上につながった。作業スピードと安全性は二律背反の側面があるが、ミズノの監査を契機として、安全確保のために生地の裁断工程において金属製の手袋を着用する規則に対する従業員の認識が高まり、事故の防止につながっている。第二に、東洋紡ＳＴＣ経由で販売しているミズノ以外のブランドの監査に対応しやすくなった。ミズノの監査で98点という高得点を取得しているので、他のブランドは当社のＣＳＲについて基本的には安心感を持っている。

6．ＣＳＲ実施上の留意点

第一に、監査に適合するための準備と指摘事項の是正に労力・費用が必要となる。例えば、海外の協力工場の監査で、安全の見地から非常口を屋外に向かって開く観音開きとするように指導を受け、同工場に改修を要請した。第二に、ミズノが監査を委託する監査機関と当社の見解が相違することがある。この場合、ミズノに当社の見解を十分説明して適正との判断を受けられるように努めている。第三に、国内外で完成品を生産する協力工場や一部工程の外注先工場も監査対象となっているため、協力工場等の経営者から監査への理解と協力を得る必要がある。協力工場等では、監査の必要性に対する認識に温度差があるケースも散見される。こうしたケースでは、特に労働慣行や人権問題を中心とするサプライチェーン全体でのＣＳＲに関する国際情勢に関する理解が不十分であることが多い。ミズノは国際情勢を踏まえて監査を行っているので、当社だけでなくサプライヤーにとってもプラスであると考えている。

７．「持続可能な調達」、「ＣＳＲ調達」に対する見解・方針

第一に、ミズノのＣＳＲ監査では関係会社だけでなく、協力工場と外注先工場も対象となるため、当社がＣＳＲの状況をチェックしている。こうしたサプライヤーへの指導にはコストがかかるため、販売先が取引面で配慮してくれるとＣＳＲ調達の持続性にプラスになるのではないだろうか。

第二に、国内外合計で17ヵ所の関係会社・協力工場・外注先工場についてＣＳＲのレベル合わせが必要と考えており、ミズノのマニュアルを参考にして、３～５年かけて17ヵ所を監査することとしている。２０１７年には５工場、２０１８年は既に３工場を監査しており、サプライチェーン全体でのＣＳＲの水準向上を実現していきたいと考えている。

８．今後のＣＳＲの展望

ＳＤＧｓ（持続可能な開発目標）の世界的潮流を踏まえて、今後もＣＳＲに取り組む方針である。第一に、従業員教育の高度化である（ＳＤＧｓの目標４）。外部研修会や本社・グループ会社が行う講習会に従業員を派遣することを考えている。第二に、管理職への登用など、女性活躍

の推進である（同5）。第三に、地域での清掃活動や社会見学の受入を継続したい（同11）。さらに、技能実習生の日本語検定のサポートや外国人労働者の雇用・就業支援にも力を入れたい（同8）。これに関しては、留学生として来日した４名を既に正社員として採用している。以上のような取り組みが当社と地域の経済・環境・社会の持続可能性の維持・向上に資すると考えている。

事例５　有限会社穂海（ほうみ）農耕・株式会社穂海[15]
－最先端の生産管理システムで持続可能な農業を推進する外食産業のサプライヤー－

所在地	新潟県上越市
設　立	穂海農耕：２００５年 穂海　：２０１１年
資本金	穂海農耕：１、５９９万円 穂海　：２、７００万円
従業員	穂海農耕：19名（２０１９年６月現在） 穂海　：２名（２０１９年６月現在）
事業内容	穂海農耕：水稲の栽培、作業受託業務 穂海　：米穀の集荷・販売、作業受委託業務（農作業、精米・出荷業務）、米穀の農産物検査、農場経営コンサルティング

１．沿革

２００５年、有限会社穂海農耕設立。２０１１年、株式会社穂海設立。２００７年にＪＧＡＰ団体認証（穀物）、２０１６年にＪＧＡＰ Ａｄｖａｎｃｅ（穀物）の認証をそれぞれ日本で初めて取得。２０１７年にＡＳＩＡＧＡＰ（穀物）の認証取得。２０１８年、「平成29年度未来につながる持続可能な農業推進コンクール」のGAP部門で農林水産大臣賞を受賞。持続可能な農業のための生産管理のシステムであるGAP**BOX3**を米作にいち早く導入するとともに、作期分散による多品種の生産を実現している。

2．事業の特徴

大学卒業後、総合重機メーカーにエンジニアとして勤務していたが、事情があり新潟県上越市の実家に戻ることになった。スキー場を退職後、働いていたスキー場で知り合った農家を手伝ったところ、その農家から農地を約3haを分けてもらえることになり、農業委員会の幹部と友人の税理士から法人化を推奨されたため、2005年12月に有限会社穂海農耕を一人で設立した。

BOX3 GAP（Good Agricultural Practice:農業生産工程管理）

GAPは、農業において、①食品安全、②環境保全、③労働安全等の持続可能性を確保するための生産工程管理の取り組み。農業事業者には遵守、または従うべき規範群があり、これらを農場管理という具体的な仕事の工程に落とし込んだもの。従うべき規範には、日本の法律、行政指針等、世界の基準・法律、時代の要請や良識として従うことが望ましい規範がある。海外には様々なGAPがあるが、日本では日本GAP協会が2007年にJGAPの認証を開始し、2016年にBasicとAdvanceの2本立てに移行し、さらに、2017年にJGAP（旧JGAP Basic）とASIAGAP（旧JGAP Advance）に再整理した。農林水産省のGAPのガイドラインでは、①から③の工程管理が求められ、JGAPでは①から③に加えて、④人権保護と⑤農場経営管理が求められ、ASIAGAPでは①から⑤に加えて⑥商品回収テストと資材仕入先の評価等の工程管理が求められる。なお、ドイツが運営主体となっているGLOBAL G.A.Pも①から⑥の工程管理を求めている。

当社は、コシヒカリの生産で事業をスタートしたが、現在は田植えや収穫の時期が異なる多くの品種の米を生産している。そのきっかけは、総合商社から丼物やカレーライスに向く品種「みつひかり」の生産を打診されたことである。米作の繁忙期は田植えと収穫の時期であるが、みつひかりはコシヒカリに比べて田植えの時期が２週間ほど早く、収穫期が１ヵ月遅いため、両品種を生産しても農作業を平準化することができる。また、コシヒカリに比べると、種苗の価格が高いが、単位当たり収量が約１・５倍と高いため、作期分散の平準化の効果と合わせ収益を見込めるとともに、大量の米を必要とする外食産業と安定的に取引するのに向く品種である。生産に取り組むかどうか悩んだが、その商社と大手牛丼チェーンの合弁会社である米穀流通業者[16]が年毎の天候の良し悪し等による収量の多寡に関わりなく生産したみつひかりを全量購入するとの取引条件を提示された。当社は最低納入量の達成義務を負わず、天候不順等による生産量変動のリスクを流通業者が負担するため、当時の圃場面積の10％で生産することを決断した。両品種での作期分散によって、農作業の平準化とコンバインを始めとする機械設備の稼働率の引き上げが可能となり、生産性の向上にも寄与した[17]。

その後、当社が事業の拡大を進めていた時期に、開発が進んでいた多様な新しい品種が生産現場で実用化されるようになったため、作期分散によって多くの品種を生産している。２０１８年は15人で１４５haの圃場で10品種の米を生産する予定である。生産している米は外食産業の主食用が大宗を占めているが、弁当・握り飯に向くもの、寿司に向くもの等、最終的な用途が異なる。

加えて、味噌作りで使われる加工用米と全農向けの輸出米も生産している。

このように、当社は農業生産者というよりも、大手外食チェーン等のサプライチェーンに米穀という原料を供給するメーカーとしての性格が強い。外食チェーンの需要は莫大であり当社だけでは供給しきれないため、他の米穀生産者にもみつひかり等の生産を呼びかけている。現在は株式会社穂海が生産者と米穀流通業者（合弁会社）の中間に入り、当該生産者が生産した全量を購入して米穀流通業者に販売しているため、当社と同様に当該生産者のリスクもヘッジされている（図表Ⅰ－6）。

3．CSRへの取り組み

（1）CSR産業としての農業

米作には、稲によるCO$_2$の吸収、水田による水資源の保全という環境保護にとって重要な役割があり、事業自体がCSRとしての側面を有しており、CSR産業とも言える。また、社内では肥料・燃料の使用量の適正化にも留意しており、これも環境保護に寄与し、なおかつコストの削減にもなる。環境保護・社会貢献としてCSRを行うためには、事業の持続可能性を維持・向上することが必要であり、収益とのバランスをいかにとるかが重要である。

（2）GAPを通じた持続可能な農業

設立当初は農業という事業をどのように進めればよいのか見当がつかなかったが、エンジニアとしてＩＳＯ９００１のプロセスを熟知していたため、農業でも品質管理のシステムがないか探した。その結果、ＧＡＰの存在を知り、２００６年に導入すると品質管理に有効であった。２００７年に穀物でのＪＧＡＰ団体認証を国内で初めて取得したが、これは品質の管理だけでなく生産プロセスの環境・人権面での適切性も求めており、持続可能な農業（筆者注：ＳＤＧｓの目標２、３、12に関連している）を実践するためのシステムでもある。穂海農耕は、ＧＡＰの高度化も進めており、２０１６年にＪＧＡＰ Ａｄｖａｎｃｅ（穀物）も国内第１号として取得しており、２０１７年にはＡＳＩＡＧＡＰ ｖｅｒ．２（穀物）の認証も取得して

（図表Ｉ－６）穂海の生産・流通ネットワーク

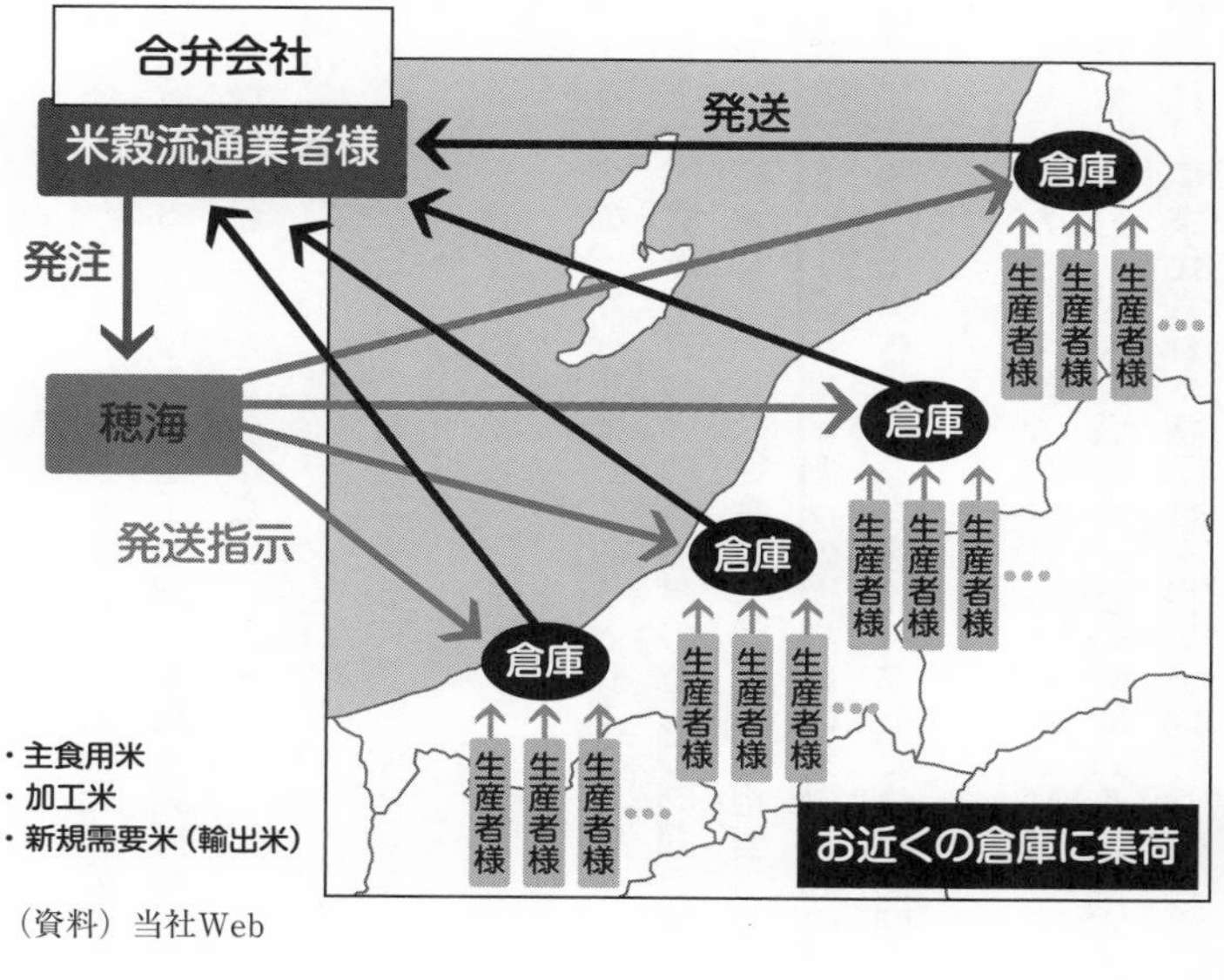

（資料）当社Web

いる。

ＧＡＰを会社のルールに採り入れているため、従業員がＧＡＰに含まれる環境・人権面での遵守事項を無理なく実践できている。例えば、責任者による農薬投入の適正管理が効果を発揮しているため、今までに環境汚染を惹起する農薬の誤使用を起こしたことはない。

なお、認証取得後、穂海ではＧＡＰ認証取得のためのコンサルティングも行っている。延べ4，000人の指導員育成、100回以上の講演により、ＧＡＰの普及による持続可能な農業の促進にも貢献している。

（3）ワークライフバランスと「人財」の育成

田植えと収穫の時期には時間外労働がやや増えるものの、年間を通してみると作期分散によって労働時間の平準化を実現しており、趣味・スポーツ、家族や社会との交流等のための時間の確保を始めとして、従業員のワークライフバランスにも配慮している。従業員には圃場の担当エリアを割り当て、時間給ではなく生産性に応じた報酬の支給を通じて、個々の従業員に労働時間の縮減に取り組むインセンティブを付与している。加えて、モチベーションを維持するため、原則として定期昇給を行うようにしている。

近年入社する社員の志望動機は、当社のＧＡＰを通じた持続可能なコメ作りへの共感がほとんどである。従業員に対しては、社会人基礎力、概念化能力、対人関係能力、技術的能力を習得するための教育システムを構築している。具体的には、標準化された指示書を従業員向け、管理者向け、監督者（農場長）向け、経営者向けと階層別に作成することで「人財」としての全従業員がスキルアップするように育成している。

従業員のスキルアップのための体制整備には相当の費用が掛かる。これを回収するために、２０１８年５月から、持続可能な農業の起業のコンサルティング業務を穂海で開始し、社外でも農業を志す「人財」を育成している。日本の農業には高齢化による廃業の激増という危機が迫っており、新規就農者の増加だけでは到底対応できないため、従来に比べて圧倒的に高い生産性を実現することが喫緊の課題である。このコンサルティング業務は日本の農業の生産性の底上げに寄与するものであり、重要なＣＳＲ活動と言える。[18] なお、コンサルティング先との競合については、ＧＡＰにしても、当社のメーカー的な生産管理体制にしても結局はＰＤＣＡサイクルを回して継続的な高度化を目指すマネジメント・システムであり、社内の生産管理体制を継続的にアップデートしているため、当社の競争優位は揺るがない。

（４）地域社会への貢献

従業員には、近隣での農作業を受託する際に、あいさつ、草刈り、農業用水の適正な使用、あぜ塗り（あぜ道の保全）等をしっかり行うよう指導しており、自社の農地だけでなく近隣も含めたコミュニティ全体の維持と環境保全というＣＳＲに努めている。当社の課題は作付面積を拡大することである。農地が大規模化すれば、より大型の機械設備を使用できるようになり、稼働率の上昇と相俟って生産性が飛躍的に上昇する。このため、当社の農地に隣接する規模の小さい農家が廃業する際に生産を引き継ぎたいと考えている。廃業する農家は永年にわたって米作を行ってきた農地に深い愛着を持っており、そうした農地を引き継ぐことには大きな責任を伴うため、近隣の生産者から信頼を得ることが必要である。こうした事情から、コミュニティに対する貢献というCSRを重要と考えている。

また、山間部の比較的狭隘な水田での米作も行っている。平地に比べると生産性の面では劣るものの、当社のビジネスの性格を踏まえると山間部のコミュニティの維持に貢献することもCSRとして重要と考えている。経済的には難しいが、補助金により補填されるため継続することができている。

4．CSRへの取り組みの効果

GAPの導入には二つの効果がある。第一に、生産性が向上している。1俵当たりの生産コストは、2016年産の場合11，000円であり、2014年産に比べて約1割引き下げることができた。第二に、マーケティングに寄与している。特に、大手の外食・小売関連産業ほど、ISO22000（食品安全）等に準拠する必要性が高いため、当社のようなサプライヤーの生産管理体制に敏感である。当社は、JGAP団体認証の第1号取得者であるため、新規の商談をスムーズに進めることができている。

５．ＣＳＲへの取り組みに対する評価

当社の持続可能な農業の取り組みは外部から高い評価を受けている。２０１３年には「アグリフードＥＸＰＯ輝く経営大賞」（日本政策金融公庫主催）を受賞し、２０１８年には農林水産省の「未来につながる持続可能な農業推進コンクール」のＧＡＰ部門で農林水産大臣賞も受賞した。

６．今後の展望

当面は生産したコメの国内での販売に経営資源を集中する意向であり、直接輸出を行うことは考えていない。「日本のコメは美味だが高価」としばしば言われるが、海外で美味と評価されるための基準作りは進んでいない。このため、当社は輸出に関する目標は定めておらず、あくまでも需給のバッファーと位置付けている。また、野菜・果物等、米以外の農作物の生産も現時点では考えていない。米は収穫後在庫として年単位での保管も可能であるが、野菜や果物は旬の時期が米に比べて圧倒的に短く鮮度管理が難しく値動きも激しい。このため、外食産業のサプライチェーンに対する原料供給者としての当社のビジネスモデルにそぐわない。

当社は、税制上の優遇措置等の公的支援の効果もあり、創業期を除き黒字を計上し続けている。環境・人権への配慮を含む持続可能な農業を発展させるためには収益性の維持・向上が必要であり、今後も公的な支援を活用して、当社自身のビジネスの持続可能性を高めトップランナーとしてＣＳＲ産業としての農業をリードしていきたいと考えている。

ただ、個々の農業生産者ができることには限界がある。今後、農業という産業全体で人手不足が不可避であるため、行政には農業用水の管理をスマートフォンで自動的にできるようにする等、農業のスマート化の施策を推進し農業インフラの高度化を急ぐことを希望する。

❸ 持続可能な調達のサプライチェーンへの普及

グローバルに活動する企業が発展途上国で現地生産を行う中で、人権侵害や環境破壊などが現地の工場やサプライヤーで行われていることが明らかになり、大きな問題になるケースが断続的にみられている。さらに、人権問題等に取り組むＮＧＯｓの台頭やＩＳＯ２０４００の発行などもあり、企業のレピュテーション（評判）の維持・向上のためにも、サプライチェーン全体で人権侵害や環境破壊などの不適切な行為を回避しながら生産活動行う「持続可能な調達」がグローバル企業に求められている。

こうした国際的な潮流を受けて、日本でも中小サプライヤーとのＷｉｎ－Ｗｉｎの関係を目指して持続可能な調達に取り組んでいる大企業がある**（事例1～3）**。特に、労働集約的産業では人権ＮＧＯｓの監視等もあり、大企業がマテリアリティ（重要性）の高いサプライヤーを対象として、持続可能な調達の中核的方策であるＣＳＲ監査をグローバルに実施する必要性が高まっている。このため、１次サプライヤーだけでなく２次以上の中小サプライヤーのＣＳＲの高度化を目的として、大企業は公的機関やＮＧＯｓ、労働団体等の多様なステークホルダーとも連携して中小企業を支援している。なお、ソーシャルビジネスを行う中小企業に対する支援も国内外の社会課題の緩和・解消に寄与するため、大企業が行うＣＳＲとして意義が大きい（**事例１、２**：発展途上国の経済開発、**事例２**：野菜摂取量の引上げ・減塩）。

このような大企業の動きに対して、一部の中小サプライヤーは自社内での環境保護と従業員の人権保護を始めとするＣＳＲに取り組むとともに、先駆的に持続可能な調達をビジネスモデルに導入している。トーヨーニット・グループ（**事例４**）は主要販売先であるミズノからの指導を踏まえて自発的にＣＳＲをレベルアップしていることに加えて、自社のサプライヤーに対するＣＳＲ監査を行い、ミズノが取り組んでいる持続可能な調達のサプライチェーンの上流への拡大に協力しており、現在の日本の中小企業としては最先端に位置付けられる。また、穂海・穂海農耕（**事例５**）はＧＡＰ**BOX3**に基づいて、環境・人権保護等のＣＳＲが内包されている「持続可能な農業」のための生産管理システムの構築によって大手外食産業向けに安全・安心な食糧を供給している。

ミズノとトーヨーニット・グループの事例からは、持続可能な調達をサプライチェーンの上流にさらに広めることが今後日本でもグローバル企業の課題になる可能性が高いことが分かる（**事例３、４**）。これには、ＲＢＡ**BOX1**のような業界での監査規格の共通化によるコスト削減、サプライヤー内部でのＣＳＲに関する能力形成、サプライヤーの従業員のための通報窓口の設置などが必要になる。加えて、持続可能な調達により得られる便益を大企業と中小サプライヤーとの間でどのように配分するかを検討することが必要であるが、そのためには、消費者がCSRに熱心な企業を優先する購買活動を行うことが必要である（この論点については、補章で論じる）。

1　2018年5月18日にNEC本社ビルで、鈴木均氏（株式会社国際社会経済研究所顧問（当時））、森実尚子氏（日本電気株式会社コーポレートコミュニケーション部（当時。現、コーポレートコミュニケーション本部）サステナビリティ推進室エグゼクティブエキスパート）、吉野浩氏（日本電気株式会社サプライチェーン統括ユニット・SCM改革推進室シニアエキスパート（当時））にインタビューを実施した。なお、以降の事例も含めて、部署・役職は2019年7月10日までに行った確認による。

2　BOP（Base of the Economic Pyramid）は一人当たり年間所得が3、000ドル以下の階層。全世界で約40億人とされる。

3　2006年に施行された電気機械・電子機器類への特定有害物質の使用を制限するEUの指令。

4　2018年5月25日及び2019年7月10日に味の素株式会社本社で人事部人財開発グループの中尾洋三氏にインタビューを実施した。

5　（筆者注）ISO26000では、ある会社のサプライチェーンの上流と下流を合わせて「バリューチェーン」と言う。

6　（筆者注）SAQ（Self-Assessment Questionnaire）は、企業がサプライチェーンの上流のサプライヤーに対してCSRへの取り組みに関する自己評価を報告させるための質問票。回答後、改善のためのフィードバックやサプライヤーに対する監査に用いられる。

7　ただし、コンプライアンスは要求事項である。

8 （筆者注）技能実習には①団体監理型と②企業単独型がある。①は非営利の監理団体（事業協同組合、商工会等）が第一次受入機関として途上国の送り出し機関から技能実習生を受入れ基礎的な研修を施した上で、傘下の企業等（第二次受入機関）で技能実習を実施する類型である。②は日本の企業等が海外の現地法人、合弁企業等の職員を受け入れて実習を実施する類型である。

9 （筆者注）食品ロスは、一般的にはバリューチェーンの各段階（生産、加工、流通、消費）で食品が廃棄されてしまうこと、あるいは食べられていないことによって発生する損失。

10 この背景には、技能実習生を受け入れる企業は監理団体に様々な費用を支払わなければならないため１人当たりの実質的な労働コストは国内の派遣社員とあまり変わらないケースがあることを、人権侵害を起こした企業が十分に認識していないことがあるとみられる。

11 （筆者注）ＥＵ域内では、２０１９年末までに上場会社の取締役の40％以上を女性にすることが目標とされている。

12 ２０１８年７月17日及び２０１９年６月19日にミズノ大阪本社で法務部法務・ＣＳＲ課上級エキスパートの佐藤雅宏氏にインタビューを実施し、２０１９年７月１日に同社のＷｅｂで公開された情報を加えて構成した。

13 ２０１８年８月６日、トーヨーニット株式会社本社で、代表取締役社長（当時）の松若浩蔵氏とアスレ事業統括部統括部長の太田勝夫氏にインタビューした。

14 繊維の製造と商社の機能を持つ東洋紡グループの企業。

15 ２０１８年５月17日、同社本社で代表取締役の丸田洋氏にインタビューを実施した。

16 より正確には、この米穀流通業者は、上述の総合商社と牛丼チェーンの原料仕入子会社、及び米穀専門商社が共同で設立した合弁会社であり、現在は精米・米製品加工を行う会社も合弁に加わっている。

17 機械設備の稼働率は、新潟県特定高性能農業機械導入計画の想定に比べて、田植機で３・７倍、コンバインで２・５倍を達成している。

18 （筆者注）既に述べたＧＡＰ導入のコンサルティングも既存の農業生産者の人財育成に寄与している。

第２章 ジャパンＳＤＧｓアワード受賞中小企業にみる先進的ＣＳＲ

政府はＳＤＧｓに積極的に取り組む組織を顕彰するために、２０１７年から「ジャパンＳＤＧｓアワード」を主催している。本章では、同アワードにおいて受賞した先進的中小企業４社のＣＳＲ・ＳＤＧｓへの取り組みを紹介する。インタビューにあたっては、ＣＳＲ・ＳＤＧｓへの取組の端緒、内容、効果、取組に対する評価、今後の展望などとともに、経営者のＣＳＲ・ＳＤＧｓに関する考え方についてもできるだけ詳しく聴取するように努めている。

ＳＤＧｓを経営の軸として環境保護に寄与する印刷によってＣＳＲに取り組む企業（**事例６**）、生物多様性の保護や途上国の衛生状態の改善に寄与するビジネスをグローバルに展開する企業（**事例７**）のほか、中古自動車・部品の資源循環のプラットフォームを世界各国で運営し自動車・部品のリサイクル事業のリーダー的存在となっている企業（**事例８**）、食品販売業者などから受け入れた食品廃棄物を原料として生産した飼料を養豚農家に販売し生産された豚肉が食品販売業者で販売されるという「リサイクル・ループ」を構築することで食品ロスの削減に貢献するとともに新たな価値を創造している企業（**事例９**）を紹介する。

❶ 先進的中小企業によるCSR・SDGsの動機・内容・展望

事例6　株式会社大川印刷[1]（2018年特別賞（SDGsパートナーシップ賞））
－SDGsを経営の軸としてCSRに取り組むソーシャルプリンティングカンパニー－

所在地	神奈川県横浜市	設立	1910年（創業：1881年）
資本金	2千万円	従業員	38名（2018年2月現在）
事業内容	印刷業		

1．沿革

業歴140年に迫る印刷会社で、現社長は6代目になる。「ソーシャルプリンティングカンパニー」というパーパス（存在意義）を掲げ、CSR・SDGsに積極的に取り組んでいる。特に、2002年にISO14001の認証、2004年にFSC BOX4 森林認証制度のCoC認証を取得するなど、「環境経営」、「環境印刷」に注力している。こうした先進的な取り組みによって、2018年の横浜型地域貢献企業の「プレミアム企業」認定（後掲事例11参照）、第2回ジャパンSDGsアワードの特別賞（SDGsパートナーシップ賞）の受賞等、CSRや環境経営に関連する多くの顕彰事業で高い評価を受けている。

2．CSRへの取り組みの端緒

当社がCSRに取り組んだのは、経営課題の解決のためであった。バブル崩壊後の1993年に、修行していた東京の印刷会社から母が5代目社長を務めていた当社に戻ったところ、経営状態が厳しさを増しており、他社との差別化・競争優位の確立のために何かをしなければならなかった。その「何か」は従業員が本気で取り組むことができるものでなければならないと考えた。これには、「好きなこと、賛同できること」と「仕事」を結び付けることが必要である。環境問題への対応は従業員にとって、自分たちの子供だけでなく孫以降の世代にとっても「良いこと」であるため、意義のある仕事として賛同を得られた。そこで、「環境経営」、「環境印刷」を経営の軸にすることを決断した。

CSRに本格的に取り組むきっかけとなったのは、2002年に横浜青年会議所（JC）で社会的起業に関する調査を行った際に、ユニバーサルデザイン[2]に取り組む服飾デザイナーと交流したことであり、

BOX4　FSC（Forest Stewardship Council:森林管理協議会）

FSCは責任ある森林管理を世界に普及させることを目的として1994年に設立された非営利団体であり、国際的な森林認証制度を運営している。CoC（Chain of Custody：加工・流通過程）認証は、FSC認証を受けた木材が最終製品となり、消費者の手に届くまでの、加工・流通過程で不適格な木材と混ざってしまわないことを確認するための認証。

この時に「印刷で社会を変えたい」と考えた。また、2004年にJCで企業の社会貢献・CSRに取り組んだこともあり、自社の目的を「売上」から、企業のレーゾン・デートル（存在理由）である「地域と社会への貢献」に置き換えた。これらを実現するための王道は本業を通じてCSRに取り組むことであると考え、6代目社長に就任した2005年に印刷を通じて社会的課題解決を実践する「ソーシャルプリンティングカンパニー」というパーパスを掲げ、従業員が元気になるビジネスの創出を目指している。

3. CSR・SDGsへの取り組み

1990年代に植物油インキの使用を始め、その後石油系溶剤を全く使わないインキに切り替えていった。これらには、対外的なマーケティング上の効果よりも、従業員から「働きやすくなった」との反応があり、従業員が元気になるという予想外の効果があった。こうしたこともあり、従業員も環境問題やCSRを徐々に「他人事」ではなく「自分事」と考えるようになった。

2004年にFSC森林認証制度のCoC認証を取得し、印刷用紙のFSC森林認証紙への転換を進めている。購入総重量に占めるFSC認証紙の割合は2018年度には過去最高の61・6%になった。2005年以降、ノンVOC（揮発性有機化合物）インキを導入し、使用比率は2018年度に9割を超えた（図表Ⅱ−1）。2016年には、J−クレジット（国が認証する温室効果ガスの排出権）の購入によって「ゼロカーボンプリント」を国内の印刷業界で初めて実現した。また、ユニバーサルデザイン書体での印刷も行っている。

２０１７年初にＳＤＧｓの国際会議を聴講したことから、同年５月の経営計画でＳＤＧｓを経営目標の整理の軸とした。従来、全従業員が参画しＣＳＲの推進やＥＳ（従業員満足度）等の経営課題毎に制度化していた委員会を廃止し、２０１８年から参加希望者で構成されるプロジェクトチームで課題解決を推進している。これは、チームに貢献する情熱を持っているメンバーでテーマに取り組む方が、ＣＳＲ・ＳＤＧｓに対するモチベーションの維持・向上に有効と考えたからである。２０１８年は「再生可能エネルギー１００％」（ＳＤＧｓの目標７）、「ＳＤＧｓを通して、働く楽しさ追求」（同８）、「ゼ

（図表Ⅱ－１）環境配慮型原材料の使用比率（%）

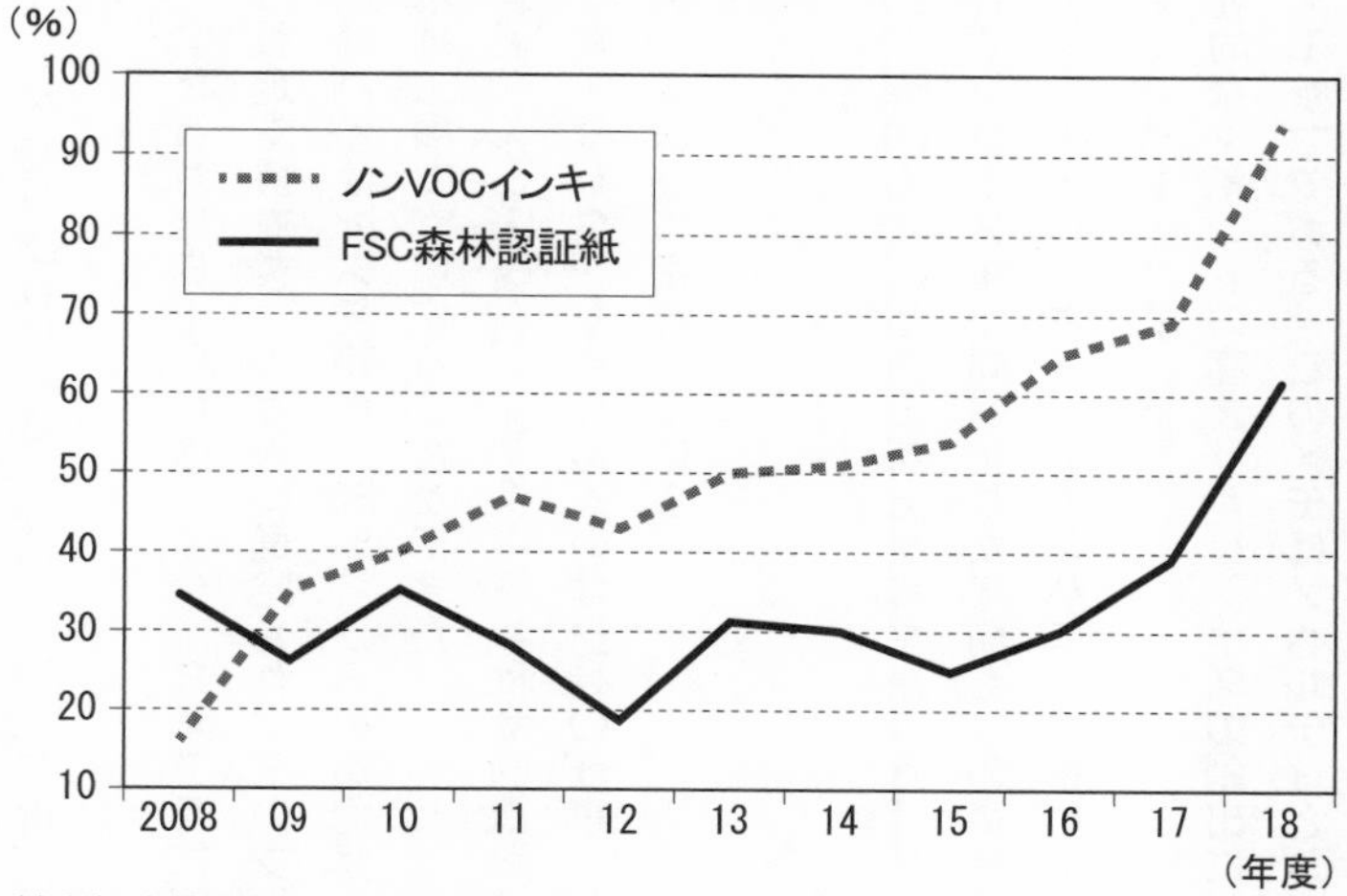

（資料）当社Web、及び聞き取り。
（注）使用重量の比率。

ロ・エミッション２０２０」（同12）、「会社案内＋αで売り上げに貢献したい」（同12）等、７つのプロジェクトチームが活動した。

これらの内、「再生可能エネルギー１００％」、すなわちＲＥ１００は、２０１８年７月に環境省によって「中小企業版２℃目標・ＲＥ１００の設定支援事業」[3]の対象に選定され、その支援等も活用し、太陽光発電（20％）と新電力会社の川崎バイオマス発電所（80％）からの電力購入を組み合わせることによって、２０１９年４月に本社工場で実現することができた。

なお、ＳＤＧｓの目標８（働きがいも経済成長も）からも窺われるように、「社会的課題はビジネスチャンスの山」であるため、従業員にＣＳＲ・ＳＤＧｓが自分あるいは当社の仕事とどのようにつながっているのかについて、朝礼で発表するように指導している。

4．ＣＳＲ・ＳＤＧｓへの取り組みの効果

１９９０年代後半に環境印刷に取り組み始めた当時はそれほど売上が上がらなかった。しかし、２００８年に発覚した製紙メーカーでの古紙偽装や２０１２年に問題化した印刷会社の従業員が胆管がんで死亡した事件等を背景として、「ソーシャルプリンティングカンパニー」をパーパスとする当社の様々な取り組みが外部から注目されるようになった。

また、ＣＳＲ・ＳＤＧｓに対する従業員の内発的なマインドの高まりがビジネスの創出につながっている。その代表が「ＳＤＧｓを忘れないメモ帳」である。このメモはノベルティとして作成したものであるが、近年ＳＤＧｓが注目される中で反響を呼んだことから引き合いが増えている。特に、ＥＳＤ（Education for Sustainable Development：持続可能な開発のための教育）の推進を課題とする教育機関からの反応や、大企業のノベルティとしての反応が良い。

加えて、ＦＳＣ認証紙の使用等の取り組みが環境指向の高い外資系企業との新規取引に結実し、そのメーカーから予算内優先発注先に指定された。さらに、ＪＣの活動でＮＰＯとの連携を進めた結果、国際連合世界食糧計画ＷＦＰ協会（国連ＷＦＰ協会）、神奈川県ユニセフ協会、及び世界自然保護基金ジャパン（ＷＷＦジャパン）からの新規受注につながった。これらの取引先はそれぞれ国連ＷＦＰ（目標２）、ユニセフ（同１、３）、及びＷＷＦ（同15、16）の日本でのパートナーＮＰＯ・ＮＧＯであり、いずれもＳＤＧｓに寄与する活動を行っている。

ＳＤＧｓがスタートする前からノンＶＯＣインキを使用する等、環境印刷が既に売上の７割を占めていたが、近年の新規取引はＦＳＣ認証紙の使用等、ＳＤＧｓに関連するものが大部分を占めており売上高に占める環境印刷の比率は２０１７年度に８割に達している。当社はゼロカーボンプリントを達成しているため、販売先が温室効果ガス排出量のスコープ３の開示を行うのに貢献することができる。このようなビジネスモデルの革新を続けＳＤＧｓ関連の売上を増やすことによって、世界最高レベルの環境印刷会社として社会からの認知を高め２０３０年までには全ての売上を環境印刷で達成したいと考えている。

5．CSR・SDGsへの取り組みに対する評価

当社は、用紙選択ー印刷ー製本ー配送と一貫した環境配慮型印刷の導入と、FSC森林認証紙使用による地球温暖化防止の取り組みが評価され、2005年にグリーン購入大賞[4]の大賞を受賞した。2015年には、石油系溶剤0パーセントインキの普及啓発を通じた地球温暖化防止活動が評価され、地球温暖化防止活動環境大臣表彰（対策活動実践・普及部門）を受けた。加えて、2017年にはゼロカーボンプリント印刷が評価され、第7回カーボン・オフセット大賞[5]の奨励賞を受賞した。さらに、2018年には横浜型地域貢献企業の「プレミアム企業」に認定され、SDGsに掲げられている様々な課題をとらえゼロカーボンプリントの実現等を経営計画に組み込み先進的な活動を行っていることが評価されグリーン購入大賞の大賞と環境大臣賞を受賞した。加えて、同年末には第2回ジャパンSDGsアワードの特別賞（SDGsパートナーシップ賞）の表彰も受けた。さらに、2019年には、一般社団法人地球温暖化防止全国ネットが事務局を務める「低炭素杯2019」で審査委員特別賞を受賞した。

6．SDGsとソーシャルビジネス

SDGsを進めるためには目標17にあるパートナーシップが重要性を増すと考えられ、当社も複数のNPO、NGOと連携している。ただ、企業とNPOとの間での信頼関係の構築はそれほど簡単でない。前者が後者の労働力を、後者が前者の資金・技術を目的として、相手を利用する

ことを主眼としてしまうと連携が上手くいかない。当社が関与していないＮＰＯ等ではこうした例が散見される。むしろ、相互に感謝し合える関係を築くべきであり、信頼関係構築の結節点・触媒として、自治体や公的機関が単なるマッチングではなく、より深い関与をする必要があると思う。こうした連携による活動は事業としての意味でのソーシャルビジネスとみることができるが、主たる担い手であるＮＰＯ等が経営資源の不足、特に資金難に悩んでいることは間違いない。このため、活動に本気で取り組んでいるＮＰＯ等ほど公的助成の申請にも力を入れている。こうした点でも、ＳＤＧｓの担い手である企業・ＮＰＯ等の経営の持続可能性、あるいは事業としてのソーシャルビジネス全般にとって自治体等の公的機関による支援の重要性は高い。

７．今後の展望

ＩＳＯ２０４００の発行や日本でのＥＳＧ投資の本格化から、国内の大手企業は既に環境保護や社会貢献に関するＫＰＩ（重要業績指標）を設定し始めているため、いずれ１次サプライヤーにも環境やＣＳＲに関連するＫＰＩの設定を期待・要請するようになるだろう。論理的に考えると、その次には１次から２次、２次から３次の中小サプライヤーへと、順次サプライチェーンの上流に向かって要請が伝播する可能性がある。こうした「持続可能な調達」の要請を受ける可能性のある中小企業を支援することも、当社にとっては販売先と社会から評価されるために対応すべき課題である。

「持続可能な調達」の潮流を見据えて既にプロジェクトチームで様々な取り組みに着手している。「会社案内＋αで売り上げに貢献したいプロジェクト」では、会社案内を作成する企業に対してＳＤＧｓの取り組みを案内に含めるよう提案することで同業他社との差別化を目指している。当社としては、２０２０年までにＦＳＣ森林認証紙使用比率の65％への引き上げ、社内で使用するインキの１００％ノンＶＯＣ化、紙端材やプラスチックのリサイクルの促進による工場のゼロ・エミッション化を目標にしている。また、会社全体での再生可能エネルギー使用比率１００％化と当社自身のスコープ３の二酸化炭素排出量の把握も課題である。このようにＳＤＧｓをビジネスモデルに埋め込み高度化し続けることが長期的な経営課題である。

事例７　サラヤ株式会社[6]（２０１７年ＳＤＧｓ推進副本部長（外務大臣）表彰）

ーＳＤＧｓに寄与するビジネスをグローバルに展開するＣＳＲ先進企業ー

所在地	大阪府大阪市　　設　立　１９５９年（創業：１９５２年）
資本金	４、５００万円　　従業員　１、８５４名（グループ全体。２０１８年10月現在）
事業内容	・家庭用及び業務用洗浄剤・消毒剤・うがい薬等の衛生用品と薬液供給機器等の開発・製造・販売 ・食品衛生・環境衛生のコンサルティング ・食品等の開発・製造・販売

１．沿革

１９５２年創業、手洗いと同時に殺菌・消毒ができる石けん液を開発。１９７１年、ヤシノミ洗剤を発売。１９７９年、アルコール手指消毒剤を発売。１９９５年、厚生省許可特別用途食品カロリーゼロの自然派甘味料「ラカント」（現在の「ラカントＳ」）を発売。また、２００１年にＩＳＯ１４００１、２００２年にＩＳＯ９０００１、２００６年にＩＳＯ１３４８５（医療機器・体外診断用医薬品）、２００８年にＩＳＯ２２０００（食品安全）の認証を取得するなど、新製品の開発とともに品質管理にも注力している。

２００６年、マレーシアで「緑の回廊プロジェクト」を開始。２０１０年、ウガンダで「１００万人の手洗いプロジェクト」を開始。ＲＳＰＯの認証制度に基づき持続可能なパーム油を活用した商品を開発。２０１２年、ウガンダで「病院で手の消毒１００％プロジェクト」を開始。２０１３年、カンボジアで「ハッピー手洗いプロジェクト」を開始。２０１５年、中国桂林工場竣工、ラカントＳの原料の自社生産を開始。２０１８年、企業主導型事業所内保育所「サラヤチャイルドステーション」を設置するなど、他社に先駆けてＣＳＲ・ＳＤＧｓに取り組んでいる。

２．事業の概要

東海地方以西を統括する当社、関東以北を統括する東京サラヤ株式会社（１９６９年設立）、及びプラスチック容器等の製品のパッケージを製造するスマイル産業株式会社（１９８３年設立）の３社を中核とする企業グループ。国内の他の関連会社８社と、タイ・マレーシア等の現地法人をはじめとして国内外に多数の生産・営業拠点を有する。

ＢtoＣ（消費者向け取引）を担う「コンシューマー」、ＢtoＢ（企業向け取引）を担う「サニテーション（衛生）」、及び「メディカル」の３つの事業本部をサラヤと東京サラヤに置き、サラヤには海外事業本部も設けている。国内の各事業本部の主力製品・サービスは、コンシューマー事業本部がヤシノミ洗剤、無添加せっけんアラウ、ラカントＳ等、サニテーション事業本部がディスペンサーを含む石けん、洗剤、消毒剤、及びそれらのメンテナンス等、メディカル事業本部が手指衛生用消毒薬・同ディスペンサー、医療機器及び医療機器の除菌用薬剤・用具等、感染症対策のシステム構築とメンテナンス、感染対策の学術情報の提供等である。

3．CSR・SDGsへの取り組みの端緒

１９６０年代後半から１９７０年代初頭に石油系洗剤が浄化されずに河川に排水されたため、水質汚濁が深刻な社会問題となった。三重県の熊野川の清流と共に育った創業者（更家章太氏）は、薬用石鹸液の原料として使い慣れていたヤシ油から誘導した植物性洗浄成分を採用した、手肌と地球に優しい「ヤシノミ洗剤」を１９７１年に開発した。

ヤシノミ洗剤の原料は当初はココヤシから搾るヤシ油から精製されたものを使用していたが、１９８０年代以降、世界の植物油の主流になっていたアブラヤシから搾るパーム油・パーム核油を使用している。ところが、２０００年代に入りアブラヤシの無秩序な伐採によって生物多様性の豊かなマレーシア・サバ州の熱帯雨林が破壊され、ボルネオゾウやオランウータンの生存が脅かされているとの環境保護団体の主張が報道されるようになった。パーム油は主にマーガリン、チョコレート、クッキングオイル等の食料品原料として使用されており、欧州の環境保護団体が大手食品会社を指弾した結果、この問題が世界中の消費者に認知され、日本国内ではエコ洗剤の「ヤシノミ洗剤」のブランドイメージの毀損につながっていた（当社の対応は後述する）。

4．ＣＳＲ・ＳＤＧｓへの取り組み

（１）概要

当社は、互いに密接な関係にある「衛生」「環境」「健康」という3つのキーワードを事業の柱とし、より豊かで実りある地球社会の実現を基本理念としている。「ＣＳＲ」という略語が一般化していなかった時から様々なイシューに取り組んでおり、ＭＤＧｓ（ミレニアム開発目標[7]）の時代には既にＣＳＲを本格的に推進していた。現在は、基本理念に深く関わる目標（3、6、8、12、15）を中心にＳＤＧｓを経営の軸として、ＣＳＲと事業活動の統合及びその高度化に取り組んでいる。

具体的には、環境保護関連では、太陽光発電、リサイクル、スコープ3の温室効果ガスの排出量開示（ＳＤＧｓの目標13）、販促用印刷物でのＦＳＣ認証紙の使用（目標12、15）、等を当社の環境マネジメントシステムに含めて行っている（目標7、13）。社会貢献活動としては、途上国の妊産婦・子どもの支援、糖尿病・乳がん対策への支援、及び後述するＢＯＰビジネス等を行っている（目標3、6、8）。また、顧客の安心・安全を保証する製品の品質管理は当然として、製品のパッケージのデザインポリシーと一部の食品の硬さ・粘度にユニバーサルデザインを導入している。[8] さらに、従業員が安心して働けるように、ワークライフバランスと安全衛生にも気を配っており、２０１８年には企業主導型事業所内保育所「サラヤチャイルドステーション」を設置した（目標5、8、10）。

（2）代表例としての「持続可能なパーム油」への取り組み

当社のCSR・SDGsの取り組みの中で代表的なものは、ソーシャルビジネスとしての「ボルネオ保全トラスト」、「緑の回廊プロジェクト」、及びこれらと密接な関係を持つRSPO認証の取り組みを通じた「持続可能なパーム油」への取り組みである（SDGsの目標6、12、15）。

①RSPO認証

前述した欧州の食品会社に対する批判の高まりを受けて、WWF（世界自然保護基金）、環境NGO、ユニリーバ[9]等が連携して、2001年にRSPO（Roundtable on Sustainable Palm Oil：持続可能なパーム油のための円卓会議）が開催された。ここで持続可能なパーム油に対する認証の仕組み作りが始まり、RSPOは2004年にNGOとして組織化され、2005年に8つの原則を定め認証を開始した。[10]

当社のビジネスモデルにとって、パーム油・パーム核油の安定的な調達とヤシノミ洗剤という主力製品を中心に構築した「環境に優しい」というブランドイメージの維持が必須である。このため、2005年の第3回円卓会議から日本企業として初めてRSPOに加盟した。その後、2010年には日本初となるRSPO認証パーム油を原料として使用した商品の販売を開始し、2012年以降は認証油のクレジットの取引も含めて、自社生産に使用するパーム油・パーム核油を100%RSPO認証付きに転換する目標を達成している。今後は、2020年を目標としてクレジットの購入をゼロにし、生産農園から最終利用者に至るまで非認証油と混合されることなく取引される完全分離方式のＲＳＰＯ認証油を全ての自社製品に使用し、持続可能な調達を進めていく方針である。

②ボルネオ保全トラストによる「緑の回廊プロジェクト」

また、生物多様性の維持にも取り組んでいる。当社は、「フィールドからのソリューション（現場からの解決策）」という理念の下に、日本のＯＤＡ（政府開発援助）として実施されたＪＩＣＡ（国際協力機構）のＢＢＥＣプログラム（Bornean Biodiversity and Ecosystems Conservation：ボルネオ生物多様性・生態系保全プログラム）[11]と連携して、２００６年に当社社長も理事の一人となり「ボルネオ保全トラスト（Borneo Conservation Trust：ＢＣＴ）」をサバ州政府の認可の下で設立し、「緑の回廊プロジェクト」を開始した。これは、かつて熱帯雨林であったアブラヤシ農園の買い取りとその再森林化等によって野生動物を保護することを目的とするＢＣＴの活動である。具体的には、ボルネオゾウやオランウータン等の野生動物の生息域であるキナバタンガン河の両岸を「緑の回廊」と名付け、サンクチュアリとして森林の保護・回復のための活動を行っている。翌２００７年からは、ヤシノミ洗剤等[12]の売上（メーカー出荷額）の１％をＢＣＴに寄付するスキームを構築している（図表Ⅱ－２）。

5．ＣＳＲ・ＳＤＧｓへの取り組みの効果

２０１７年度にグループの売上高は４３０億円に達したが、ＢｔoＣのコンシューマー事業本部、

ＢtoＢのサニテーション事業本部、メディカル事業本部、それに海外事業本部の各事業ともに前年を上回り、順調に成長している。

ヤシノミ洗剤等、ＢＣＴ支援対象製品のパッケージには、ＲＳＰＯ認証のマークと売上高の１％をＢＣＴに寄付していることを記載している。対象商品の売上は増加が続いており、ＢtoＣビジネスでは、コーズ・リレーテッド・マーケティング（ＣＲＭ）[13]が機能している。[14]このほかに、生分解性と人体への安全性が高い「ＳＯＦＯＲＯ／ソホロ（酵母が分泌した界面活性剤物質を精製・分離した洗浄・乳化成分）」を利用した洗剤（ＳＤＧｓの目標14）等、環境に優しい製品開発（目標12）も着

（図表Ⅱ－２）ボルネオ保全トラスト（BCT）のスキーム

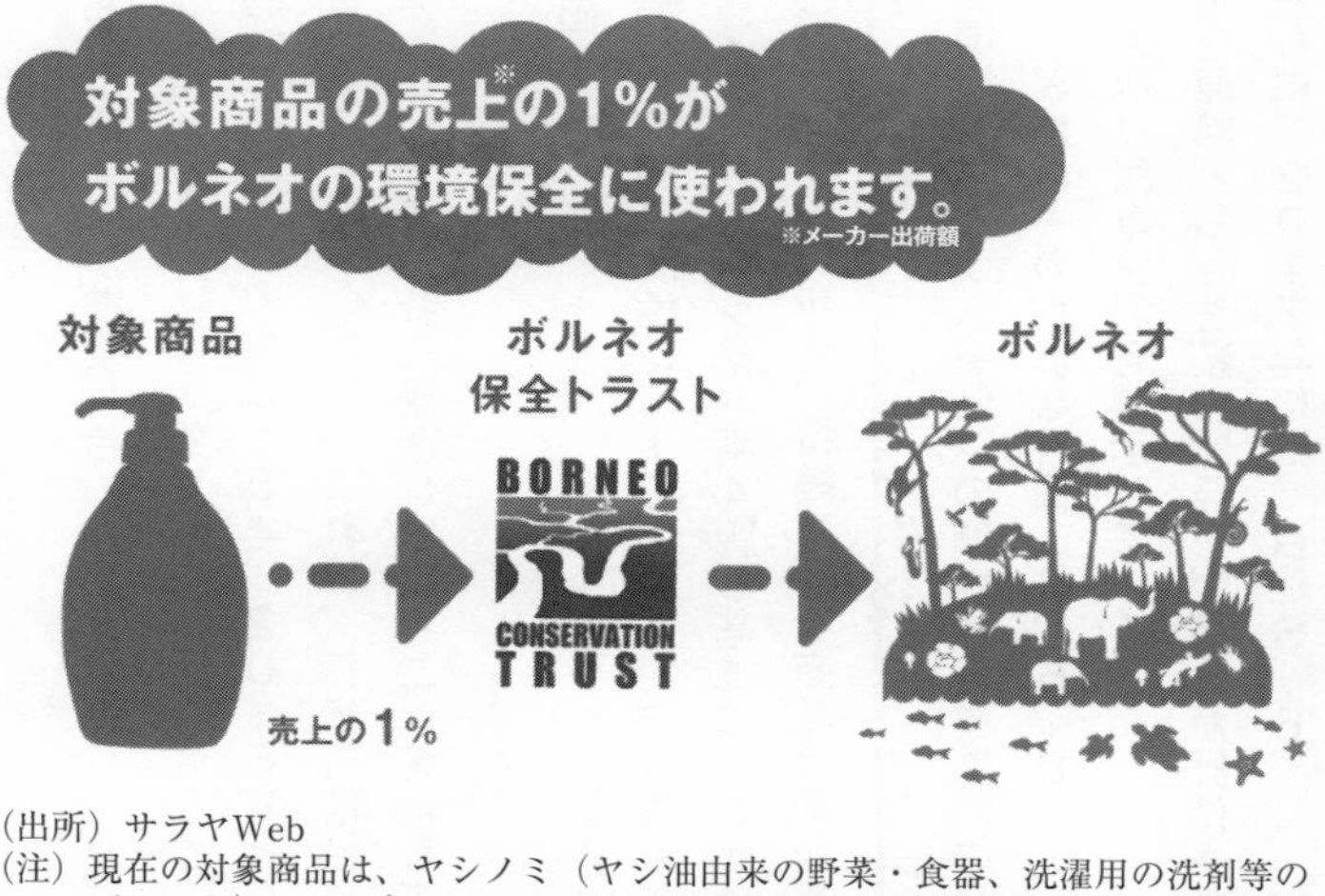

（出所）サラヤWeb
（注）現在の対象商品は、ヤシノミ（ヤシ油由来の野菜・食器、洗濯用の洗剤等のブランド）、ハッピーエレファント（天然洗浄成分配合の洗濯、食器洗い等の洗剤のブランド）、ココパーム（シャンプー等の頭皮エイジングヘアケア製品のブランド）のなどの各シリーズ。

実に続けている。
東日本大震災以降、エシカル消費（倫理的な消費活動）が普及し始めたこともあり、日経BP社の日経環境フォーラムが実施する環境ブランド調査では、「環境考慮スコアランキング（企業の環境活動を考慮して商品を購入した購入者の割合）」部門で２０１５年、２０１６年と２年連続で第１位を獲得した（２０１７年はトヨタ自動車に次いで２位）。これは、持続可能性に配慮した調達・製品開発が、当社のブランドイメージとして消費者に浸透していることを示している。

6．CSR・SDGsへの取り組みに対する評価

２００２年以降、CSR・SDGsの取り組みを持続可能性レポートとして毎年公表している。現在は、GRIサステナビリティ・レポーティング・ガイドライン第４版の基準にしたがって、電力・ガソリン・水（上水）・紙資源等の使用量、リサイクル率、持続可能な商品の開発等について、KPIを設定して目標と実績を開示している（SDGsの目標7、12）。この結果、環境コミュニケーション大賞（環境省、地球・人間環境フォーラム主催）の環境報告書部門の受賞企業として常連である。持続可能性レポートでは、SDGsの主要な目標（3、5、6、7、8、10、12、13、14、15、17）を軸としてCSRへの取り組み状況を開示している。

最近では、２０１４年に持続可能なパーム油を原料とした洗剤の開発・製品化が評価され、第16回グリーン購入大賞で優秀賞を受賞した。さらに、２０１７年には、目標3、6、12、14、15

への貢献が特に評価され、第1回ジャパンＳＤＧｓアワードでＳＤＧｓ推進副本部長（外務大臣）表彰を受賞した。

7．マルチステークホルダー・アプローチの重視

当社はＣＳＲ・ＳＤＧｓに取り組む手段としてマルチステークホルダー・アプローチを重視している。ＷＨＯ（世界保健機関）やユニセフ（国際連合児童基金）のような国連関連組織やＪＩＣＡ（国際協力機構）のような公的性格の強い組織との連携や国連グローバルコンパクトを始めとする様々なイニシアティブ（取り組み）に参加・署名する等、持続可能性の向上のための世界的な活動に積極的に貢献している。

なお、当社自体がＢＣＴ等のＮＰＯの設立に関与してソーシャルビジネスに取り組んでいることもあり、ＮＰＯ、ＮＧＯとの連携については、範囲を広げすぎないことが重要と考えている。基本的には、自社の事業との関わり深い地域と内容のソーシャルビジネスをＣＳＲの一環として行うことが重要と考えている。

8．今後の展望

これまで、当社は衛生、環境、健康の分野で常に時代の最先端のビジネスを展開し、「環境・社会にやさしい『ブルーオーシャン（ライバルがいない市場）』」、換言すると「グリーン・オー

シャン」を開拓してきた。[15] 21世紀のグリーン・オーシャンのビジネスモデルとして、BOP[16]を対象とするビジネスとサプライチェーン全体での持続可能な調達への取り組みがあると考えられる。

（1）BOPビジネス

社長は日本青年会議所の会頭と国際青年会議所の副理事長を務めた時期に、WHOやユニセフ等の国際機関との交流を深めた。この経験から、発展途上国の子どもの生命・健康を守るために、ユニセフに協力して「100万人の手洗いプロジェクト」を2010年以降行っている。具体的内容は、プロジェクトの対象商品の売上の1%をユニセフに寄付し、ウガンダでの手洗い設備の建設、子どもたちへの教育と自主的な衛生活動の支援、母親への啓発活動、現地メディアでの手洗いキャンペーンの展開等である。また、2012年からは、「病院での手の消毒100%プロジェクト」を開始した。これは、劣悪な状態にあるウガンダの医療施設の衛生環境を改善する取り組みであり、「100万人の手洗いプロジェクト」と併せて現地の人々の健康・生命に関する状況の改善を目的としている。そのために、2011年に現地法人サラヤ・イーストアフリカを設立した。JICAから輸送費や諸経費の補助を受け2012、2013年に、現地法人が院内感染防止のために公立病院に日本製のアルコール手指消毒剤を設置した。特に水へのアクセスが悪いゴンベ県病院の病室で噴霧式のアルコールによる手指消毒を徹底したところ、医療従事者の実施率の上昇に伴って、乳幼児の急性下痢症と、妊産婦の帝王切開後の敗血症が激減した（図表Ⅱ－3）。

　これを端緒として、ウガンダでＳＤＧｓに寄与するＢＯＰビジネスに取り組んでいる。ウガンダに進出した理由は、①同国が加盟している東アフリカ共同体（ＥＡＣ：ビクトリア湖沿岸の６ヵ国で構成、２００５年１月に関税同盟を開始）の経済圏で人口２億人以上の市場を確保できること、②ＥＡＣ加盟国であるケニアのモンバサ港から原料や資材を陸揚げでき、域内の比較的自由な物流が可能なこと、及び③ウガンダの旧宗主国である英国の文化が移植されアルコール飲料が普及しているため、消毒剤の原料となるアルコールの製造に必要なサトウキビなどの農産物と技術・設備があり、これらを転用してアルコール手指消毒剤等を製造できること、である。このため、現地で砂糖を製造しているインド系財閥と合弁で、２０１４年にその工場敷地に小規模な医薬品製造工場を建設し、製造販売会社サラヤ・マニュファクチャ

（図表Ⅱ－３）ゴンベ県病院　手指消毒の実施率と院内感染患者数の推移

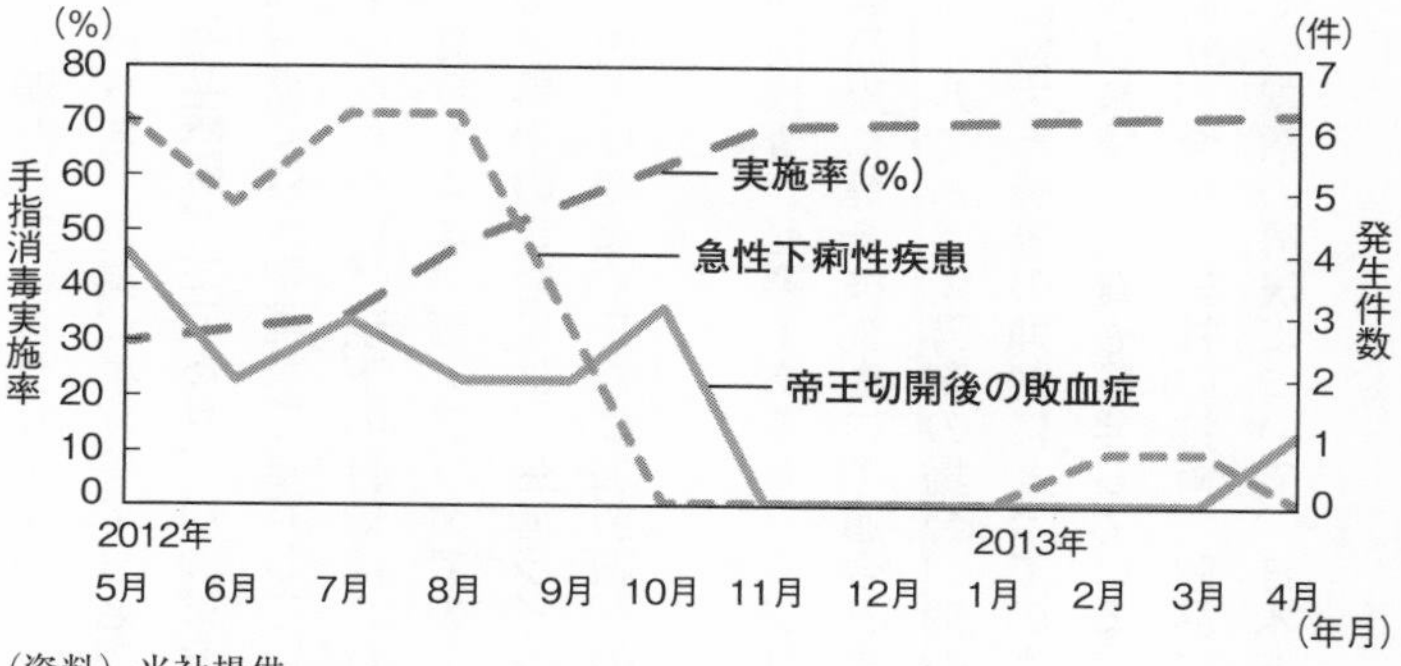

（資料）当社提供
（注）ルレ・ハルマ院長による小児科と産婦人科の手指消毒実施の順守率と患者発生数の推移グラフ

リング・ウガンダ（ＳＭＵ）を設立した。この工場はＧＭＰ[17]を満たしているクリーンルームを備えており、従業員は15名で内、工場長１名、プラントの作業員５名、営業、事務等で９名である。
製品の最終需要者はＢＯＰ層であるが、直接の購入者は公立病院が主であり、いわばＢ to Ｇ（政府向け）のソーシャルビジネスとして運営している。現時点では赤字基調で推移しているが、政府の予算が病院に配分されると、単月で黒字になることも少なくない。現下の目標は２０２０年までに収支均衡あるいは黒字基調に転換することである。２０１４年、西アフリカでのエボラ出血熱の流行時には生産能力を超える引き合いがあったため、黒字の定着には、生産ラインの拡張による機会損失の回避が必要である。加えて、ウガンダ国内だけでなくＥＡＣ加盟国への販売増とその後のアフリカ全域への展開が求められる。

しかし、これには課題も少なくない。第一に、現在、船積前検査[18]が必要であるが、アフリカの旧宗主国である欧州の古い基準で検査されるため、最新の製品規格等を検査者に不適合と指摘され出荷できないといったことがある。第二に、原料がアルコールである消毒剤の場合、危険物に分類されるため飛行機での輸送が認められない。これも販路拡大と感染の抑制にとってのボトルネックになっている。第三に、現地での手洗い・消毒の設備の破壊・盗難も頻発している。船積前検査に関しては、そもそも検査者の基準に恣意的な面があり、今後、当社の技術・製品に理解のある検査者との関係構築が必要と考えている。また、全ての課題の解決について、日本あるいは現地の政府や公的機関による支援が必要である。

こうしたBOPビジネスにはソーシャルビジネスとしての側面もあり、当社の基本理念とビジネスモデルからみると今後重要性を増すと考えられる。２０１３年３月からカンボジアでＪＩＣＡが行っているＢＯＰビジネス連携促進協力準備調査事業「ハッピー手洗いプロジェクトinカンボジア」に参画している。既に現地法人を設立しており、食品衛生事業を中心にビジネスを展開している。ＢＯＰビジネスあるいはソーシャルビジネスを国際機関や各国の政府・公的機関と協力しながらグローバルに展開しＳＤＧｓに貢献することが、当社の今後の重要なミッションになるだろう。

（２）サプライチェーン全体での持続可能な調達

当社の原材料のサプライヤーには日本の企業は少なく、ヤシノミ洗剤等の原料であるパーム油やラカントＳの原料である羅漢果を始めとして海外からの調達が大宗を占めており、既にサプライチェーンでのＣＳＲには相当の力を入れている。羅漢果については、原産国である中国の広西チワン族自治区桂林市の契約農家に対して、農薬の使用方法等を指導した上で購入するほか、２０１６年にはラカンカＳの主原料となる羅漢果エキス抽出工場を桂林市に建設した。これらによって、現地の遺伝資源の保全、現地雇用を通じた経済発展、及び健康によい製品を生産するためのサプライチェーンの構築を目指している（ＳＤＧｓの目標３、８、12）。

また、国内の大手不動産会社のオフィスビルに納入する薬用石けん液等について、ＲＳＰＯ認証付きの製品に対する需要が最近急速に高まっている。これは、２０２０年東京オリンピック・

パラリンピック関連のビジネスの受注を企図する企業では、「持続可能性に配慮した調達コード」に準拠する必要があることが一因と推測される。このため、当社自身が公共調達等を受注するために自社のサプライチェーンの上流での持続可能性に配慮するだけでなく、顧客が行う持続可能な調達に当社が協力することも重要な経営課題になると考えられる。

このようにサプライチェーン全体での持続可能な調達にも適切に対応しＣＳＲ・ＳＤＧｓへの取り組みを高度化することも当社のビジネスの持続可能性の維持・向上に必要になると考えている。

事例８　会宝産業株式会社[19]（２０１８年ＳＤＧｓ推進副本部長（外務大臣）表彰）

－中古自動車の資源循環プラットフォームを運営する静脈産業のパイオニア－

所在地　石川県金沢市　　設　立　１９６９年（株式会社化１９９２年）
資本金　５,７００万円　　従業員　76名（２０１９年６月現在）
事業内容　・国内及び海外での自動車リサイクル事業
・中古車、使用済自動車の買取
・中古自動車部品、中古車の販売、輸出
・自動車リサイクル技術者の教育・研修
・農業

１．沿革

当社は、１９６９年に有限会社近藤自動車商会として現会長によって設立された。１９９２年の株式会社化と同時に現社名に変更した。２００２年にＩＳＯ１４００１、２００５年にＩＳＯ９００１の認証を取得。２００４年に基幹業務システム「ＫＲＡシステム」の運用開始。２００７年に国際リサイクル教育センターを設立。タイ（２００８年）、ケニア（２００９年）、ナイジェリア・ガーナ（２０１１年）、ブラジル（２０１２年）及びインドに（２０１９年）合弁会社を設立。２０１０年、中古エンジン評価規格ＪＲＳを作成。２０１１年に農業事業部を設置。

２０１４年、アラブ首長国連邦（ＵＡＥ）に現地法人を設立し、中古部品のオークション市場を開設。２０１５年に会長子息の現社長（以下、社長）が就任。２０１７年、会宝リサイクラーズ・アライアンス発足。

２．事業の概要

当社は、中古自動車部品の輸出、国内外での自動車リサイクル事業を主に行っている。具体的には、中古車を始めとする廃棄自動車を解体し、素材（鉄鋼、アルミニウム、白金、パラジウム等）あるいは部品（エンジン、タイヤ、ライト、ドア、サスペンション等）として再生しリサイクルしている（図表Ⅱ－４：左側）。売上高の構成をみると、輸出が７割を占め、残りが国内販売（農産物を含む）である。２０１０年以降、国内最大の中古自動車部品輸出企業となっている。

３．ＳＤＧｓ・ＣＳＲの取り組み

（１）静脈産業のパイオニアとしての役割

現在、世界の自動車保有台数は13億台となっている。しかし、発展途上国では故障等で動かなくなった自動車（とその廃油）が適切に処理されず朽ち果てるに任せ、環境破壊と資源の浪費につながっている。このため、中古自動車から一定水準以上の品質の部品（エンジンを含む）を安価に回収・再生することが世界的な課題となっている。

当社は「地球規模における資源循環社会の一翼を担う」ことを事業方針としている。これは、会長が掲げた「自社の発展だけでなく、業界の近代化・高度化と地球全体の持続的発展を主導することが重要」との理念に基づいている。理念を引継ぐ社長は、ＳＤＧｓの目標12の「つくる責任つかう責任」に加えて、「後始末の責任」も持続可能な開発に不可欠と考えている。

（図表Ⅱ－4）自動車のリサイクルにおける動脈産業と静脈産業の役割

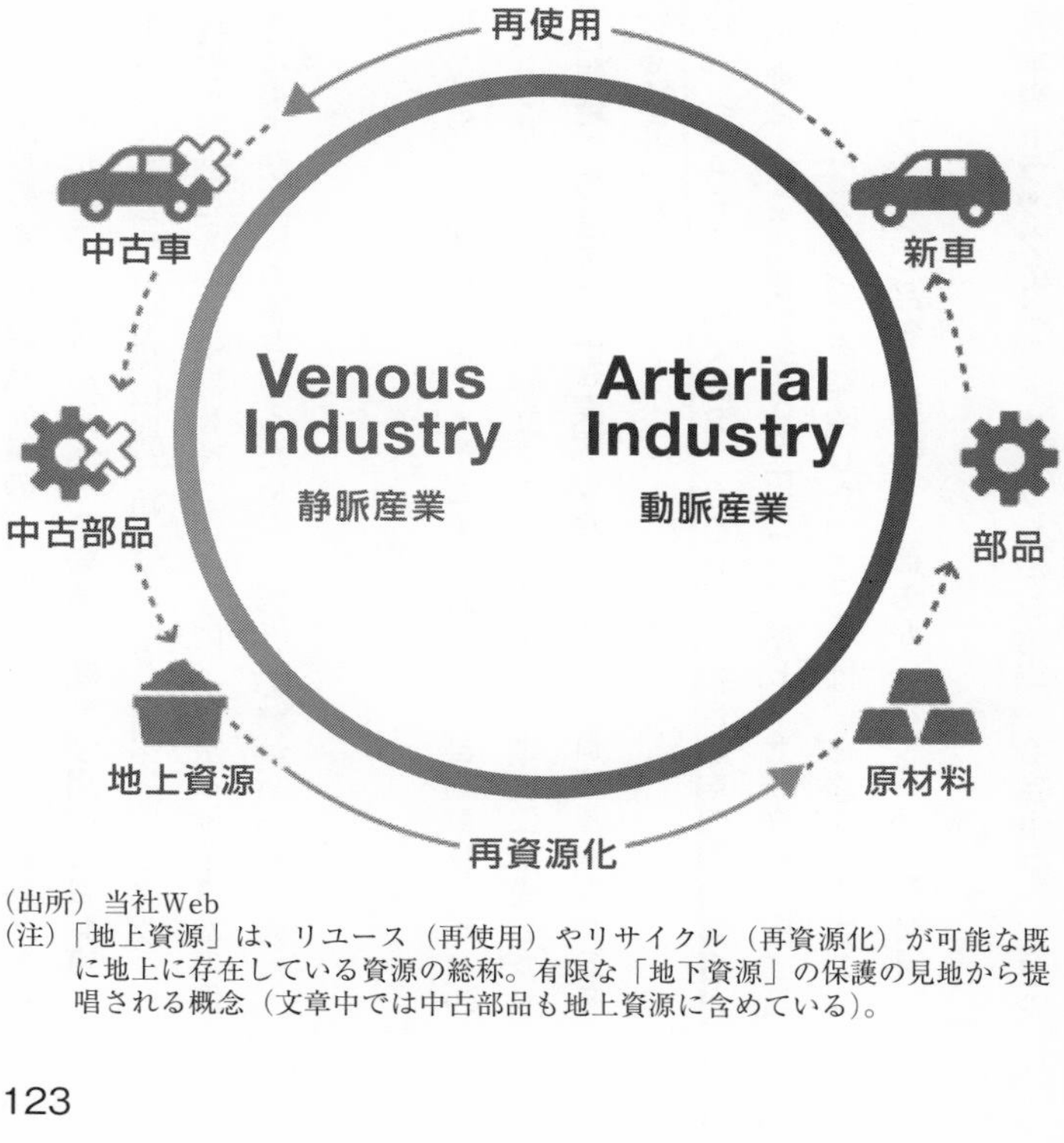

（出所）当社Web
（注）「地上資源」は、リユース（再使用）やリサイクル（再資源化）が可能な既に地上に存在している資源の総称。有限な「地下資源」の保護の見地から提唱される概念（文章中では中古部品も地上資源に含めている）。

このため、「船の舳先」が海を切り裂いて進むように静脈産業のパイオニアとして、素材・部品という「地上資源」を中古車からリサイクルして、動脈産業側での新車生産や使用中の自動車の修理に活用する循環、すなわち「エコシステム」の構築に取り組んでいる（前掲図表Ⅱ－4）。これは、自動車関連の「産業」の持続可能性を高める効果を持つ。さらに、有限な地下資源の保護だけでなく、特に途上国での環境汚染の防止にも寄与するため、「地球」の持続可能性の維持・向上にも重要な意味を持つ。

（2）海外展開

こうした考えに基づき、ブラジル・インド・マレーシア・ケニアにおいて、自動車リサイクル政策の立案サポートを行うとともに、リサイクル工場を設立することにより、環境に配慮したリサイクルのバリューチェーン構築と現地での雇用創出を実現した。加えて、日本車が多く走るインドでは、2019年に合弁会社を設立した。

2014年には、アラブ首長国連邦（UAE）の中で約2，000の中古自動車の取引業者が集積しているシャルジャ首長国に現地法人（KAIHO Middle East：KME）を設立し、中古自動車部品のオークション市場（KMEオークション）を開設した。ここでは、後述する中古エンジン性能評価規格「JRS」によってエンジンの品質を明示し、誰もが参加できる公平でオープンな市場を構築している。

また、2017年に海外向けに日本製トラックのネットオークション市場（会宝トラックネットオークション（ＫＴＮオークション））をオープンした。これまではトラックを出品するためには、車両を会場まで移動する必要があったが、出品者が自社のヤードで車両の写真やエンジンの稼働状況の動画を撮影しネットに掲載するだけで販売できるようにし、市場参加者の利便性を高めた。

（３）中古車部品流通のＩＴプラットフォームの構築

２００４年に採択された経済産業省の助成金を活用して、中古車部品の製造・販売のための基幹業務統合管理システム（ＫＲＡシステム：Kaiho Recyclers Alliance System）を開発した。これは、在庫管理データベースシステムを核に、仕入管理、販売管理、生産管理などの各サブシステムで構成されている。

運用開始によって、品質の高低の評価を反映した適正な価格で部品を市場に流通させることができるようなった。同時に、蓄積された過去の取引実績によって国や地域ごとの需要動向の把握が可能になり、適正価格の提示や需要見込みを基に受注実績のない部品のセールス等もできるようになった。さらに、同業者等の国内外のアライアンス企業にもインターフェースを開放している。つまり、ＫＲＡシステムがグローバルなバリューチェーン上の静脈産業と動脈産業の結節点、言い換えると「プラットフォーム」として機能しているのである。

このシステムをベースに独自の販売ルートを開拓した結果、取引国数は約90にまで増加しており、同業者等と部品調達・供給などビジネス面での連携を深めながら、自動車リサイクル事業の普及・規格化を図っており、当社はそのリーダー的役割を果たしている。

（３）独自規格ＪＲＳの発行

規格化の具体策として、自動車の中古エンジンの品質を評価する「ＪＲＳ（Japan Reuse Standard)」という独自の規格を２０１０年に作成した。[20] ＪＲＳによって品質が明確化し購入者の信頼感が高まるため、中古エンジンの国際的な流通の拡大に寄与している。例えば、海外のオークション市場にＪＲＳのタグをつけて出品した中古エンジンについては、落札者はその場でのエンジンの稼働確認を省略するほどであり、取引の迅速化につながっている。

（４）多様なステークホルダーとの連携（ＳＤＧｓの目標17）

①社外

第一に、２０１７年に「会宝リサイクラーズ・アライアンス」を起ち上げた。これに加盟すると、ＫＲＡシステムの使用などが可能となり、現在、加盟している国内の同業者67社がＫＲＡシステムを通じて中古車部品の国際的リサイクル市場に販路を拡大することができるようになった。[21] また、日本に来訪する海外のバイヤーの需要に当社だけで応じきれない場合には、アライアンスのメンバーが対応することもある。

第二に、国際的な人材育成に取り組んでいる。環境汚染を引き起こさない「正しい自動車リサイクル方法」の普及のため、国際リサイクル研修センター「ＩＲＥＣ（International Recycling Education Center：アイレック）」を開設し、日本をはじめ海外の研修生を受け入れ適切な解体方法を指導している。研修生には、技術ノウハウの習得と同時に日本の良き精神文化を伝えながら、地球全体を見渡すことのできる人材の育成にも力を注いでいる。この研修は、ＪＩＣＡ（国際協力機構）の助成を受けて行われることが多く、国内外の公的機関との連携も非常に重要である。

第三に、２０１２年の「国連持続可能な開発会議（リオ＋20）」に参加し、当社の取組みを発表したのを始めとして、２０１３年と２０１６年のＴＩＣＡＤ（アフリカ開発会議）等、多くの場で中古自動車部品のリサイクルの意義を発信している。

②社内

２０１８年には「会宝２０３０プロジェクト」を立ち上げ、２０３０年の会宝産業を自分たちが創り上げるという目的を掲げて17人の若手社員が２０３０年に予想される社会・環境・経済の状況を勉強して、その時の当社のあり方について提言するという取り組みを行った。また、これまで新入社員を対象として、当社のビジネスの全体像とその意義を学んでもらうためにプレゼン大会を行ってきたが、２０１９年には、対象を全社員に広げて発表会を実施した[22]。これによって、全社的に他部署の業務に対する理解が深まるとともに当社のビジネスに対するプライドが高まった。これらの取り組みのように、従業員が能動的に学ぶことは経営上層部からの説明を聞くこと以上に効果的であり、今後も継続したいと考えている。

さらに、社員とその家族及び主要なステークホルダーをゲストとする「感謝の集い」を毎年２

月に開催し、日ごろの協力への謝意を示すとともに実績と今後の目標を発表・共有している。

（５）社会への貢献

２０１１年から毎年８月に「会宝リサイくるまつり」を開催している（「リサイクル」、「くるま」、「まつり」を結合している）。これは、地域への感謝の気持ちを伝えることと、「後始末」の観点から「自動車解体ショー」などで、静脈産業としてのリサイクル事業に対する近隣住民の理解を促進することを目的とするイベントである。これによって、当社に直接中古車等の買い取りを依頼する住民が顕著に増加している。

また、廃車から回収される廃油（エンジンオイル・ブレーキオイル）を燃料として再利用できるボイラーを開発して、２０１２年から宝達志水町でミニトマトのハウス栽培を開始した。現在では通年栽培により、年産12トンと県内最大規模のミニトマト生産者となっている。この事業の目的は、廃油のリユースという静脈産業としての機能発揮と定年退職を迎えた従業員の再雇用の場の構築であり、地域社会の維持にも寄与している。[23]

4．当社の経営・ＣＳＲに対する評価

ＫＲＡシステムの先進性と当社のビジネスモデルが評価され、２００６年にＩＴ経営百選（経済産業省）の最優秀企業賞、２００８年に中小企業ＩＴ経営力大賞（同）、２００９年にハイ・サービス日本３００選（サービス産業生産性協議会）を受賞した。ＳＤＧｓへの取り組みに対しては、2017年には、「ブラジルにおける環境配慮型の自動車リサイクルの促進」によって、静脈産業の日本企業として初めてUNDP（国連開発計画）等が主導する「ビジネス行動要請（BCtA）[24]」への参加が承認された。さらに、2018年には第2回ジャパンSDGsアワードのSDGs推進副本部長（外務大臣）表彰を受けた。これは、海外で自動車リサイクルのバリューチェーン構築と現地雇用の創出に取り組むとともに、中古車の不適切な処理による環境汚染の防止に貢献していることが評価されたためである。

5. 展望と課題

2022年までにブラジルで10万台の使用済み自動車を環境に配慮した方法でリサイクルするバリューチェーンの構築を目標にしている。JICAと連携して、現地の国立大学内に自動車リサイクル教育センターを設立し、行政官や起業家に対して技術指導を行っている。このプロジェクトを通じて、修理業者等の現地企業20社と1万5千人のエンジニアを育成し、ブラジルでの静脈産業の振興と雇用創出に貢献することを目指している。

今後、中古自動車部品の輸出に加えて、KRAシステムをプラットフォームとして活用することによって、リサイクルに関する技術・ノウハウといったソリューションを提供するビジネスの重要性が増すと考えられる。当社のビジネスモデル自体がSDGsの実現に寄与するものである（図表Ⅱ-5）。これからも業界全体の「船の舳先」として、中古自動車部品等のリサイクルのエコシステムを世界的に広げて、環境保護、雇用機会の確保、地域社会の活性化に貢献して、SDGsの実現に貢献することを引き続き目指していきたい。

（図表Ⅱ－５）当社のビジネスモデルとSDGsの関連

	活動項目		関連するSDGs
調達	リサイクラーズアライアンス	● 仕入れ価格の適正評価	目標15、17
生産	自動車リサイクル 農業事業	● 持続可能な資源の再利用 ● 環境保全型農業 ● 届出創出	目標3、8 12、15
品質管理	中古部品品質規格基準	● 安全･安心な部品	目標12
営業 販売	海外中古部品オークション	● 中古マーケットの適正な相場作り ● 同業他社の販路拡大	目標17
	リサイくるまつり	● 地域活性化を通じて地方創生への貢献 ● 自動車リサイクルを学ぶ機会の提供	目標4
海外展開	自動車リサイクル海外展開	● 環境保全	目標1、12、15
	海外自動車リサイクル研修	● 技術者育成	目標17

（出所）（注）当社「KAIHO SDGs REPORT～循環型社会構築への挑戦」Vol.2（2019）、７頁の図表に筆者が文字を追加。

事例９　株式会社日本フードエコロジーセンター[25]
（２０１８年ＳＤＧｓ推進本部長（内閣総理大臣）表彰）
―リサイクル・ループで食品廃棄物を資源化して「新たな価値」を創造―

所在地	神奈川県相模原市	設立	２０１３年（事業開始２００５年）
資本金	１、０００万円	従業員	33名（２０１９年５月現在）
事業内容	食品リサイクル（廃棄物処分、飼料製造、その他）		

１．沿革

２００５年に大手私鉄の関連会社の事業部として、エコフィードの生産が開始された。「エコフィード」は「環境に優しい（ecological）」と「経済的（economical）」という二重の意味でエコ（eco）な「フィード（飼料）」を意味し様々な種類のものがある。この事業部では、獣医師である現社長が中心となり日本の乳酸発酵技術を用いて開発した[26]「リキッド発酵飼料」を事業化した。その後の事業拡大に伴い経営判断をスピードアップするため、２０１３年に会社分割により当社が設立され、現社長が就任した（以下、「社長[27]」）。２０１８年には子会社㈱フードエコロジーファーム（栃木県）で養豚農場の直営を開始。

2．事業の概要

当社は、食品廃棄物処理業と飼料製造業という2つの事業を営んでいる。リキッド発酵飼料（以下、「液体状飼料」）は、食品スーパー、百貨店、食品メーカー等の食品関連事業者が排出した食品廃棄物を当社が回収し、乳酸発酵技術を用いて製造するもので、ヨーグルト状の養豚向け飼料である。現在、180以上の事業者から35ｔ／日の食品廃棄物を受け入れ、42ｔ／日を製造して、関東を中心に当社の直営農場を含む15の契約養豚農家に販売している。また、国内で現在飼育されている豚970万頭の内、約100万頭が液体状飼料により飼育されているが、当社の視察あるいは当社との共同研究を通じて波及したものが多い。

3．SDGs・CSRの取り組み

（1）食品廃棄物のリサイクル・ループ（図表Ⅱ－6）

当社は、「『食品ロス』に新たな価値を」という企業理念に基づいて、食品関連事業者から受け入れた食品廃棄物を資源として活用して飼料を生産し、養豚農家がその飼料で肉豚を育て、これが豚肉として食品関連事業者で販売されるという循環、即ち「リサイクル・ループ」を構築している。このため、当社では再利用可能な食品廃棄物を「食品循環資源」と称している。食品ロスを削減する当社のビジネスモデルは、SDGsの目標12だけでなく、穀物価格高騰の抑制を通じて目標2にも寄与している。

(2) 液体状飼料がもたらす便益

液体状飼料はさまざまな便益を社会にもたらしている。第一に、リサイクル飼料の主流である乾燥飼料と異なり乾燥のためのエネルギーを必要としないので、温暖化ガスの排出抑制（目標7、13）に寄与するだけでなく、価格が一般的な配合飼料の半分程度と競争力を有している。ただ、当社は液体状飼料の市場拡大とエコフィードの普及を目指しているため、液

（図表Ⅱ－6）当社（略称：J.FEC）のリサイクル・ループ

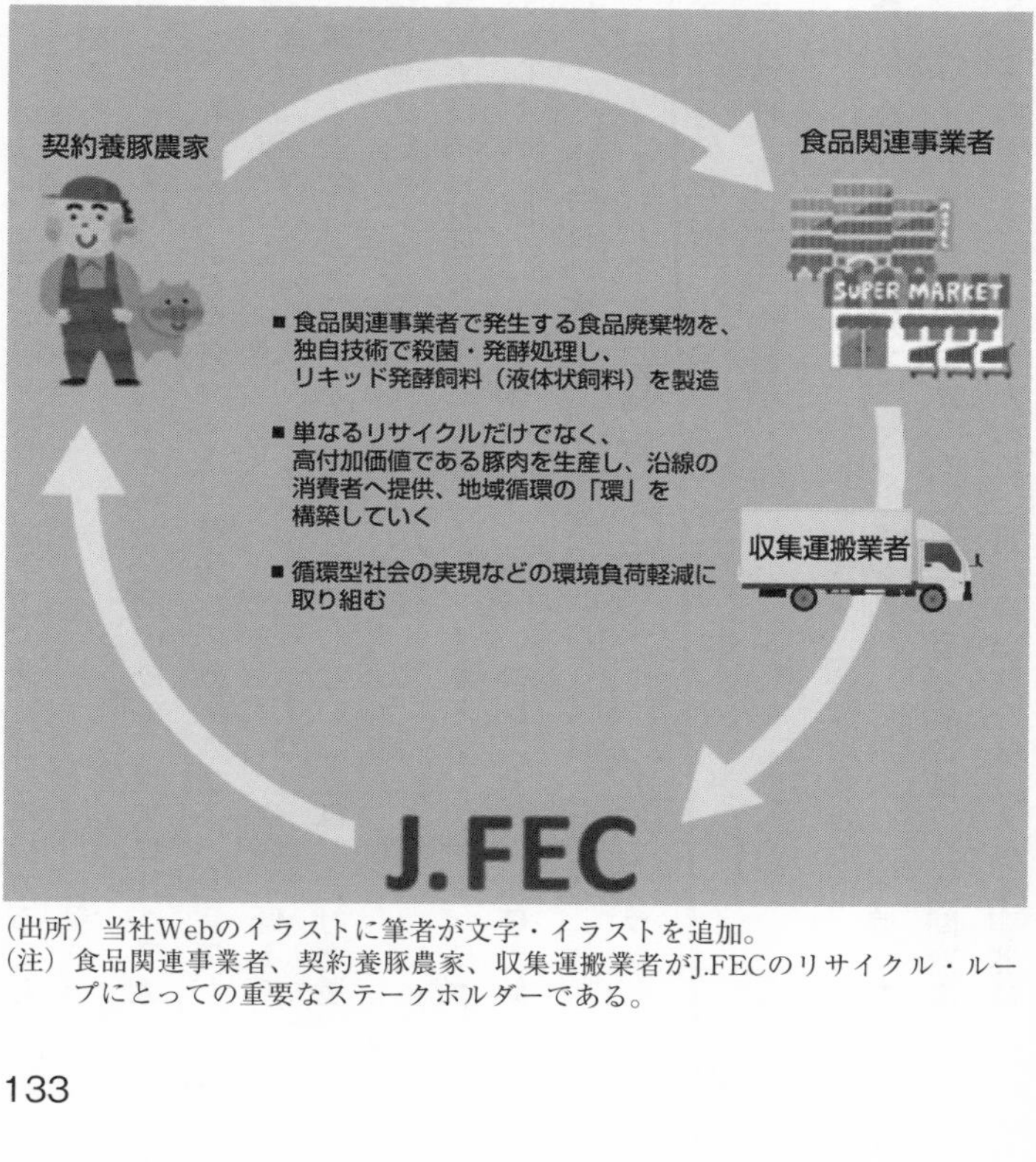
契約養豚農家
食品関連事業者
SUPER MARKET
■ 食品関連事業者で発生する食品廃棄物を、独自技術で殺菌・発酵処理し、リキッド発酵飼料（液体状飼料）を製造
■ 単なるリサイクルだけでなく、高付加価値である豚肉を生産し、沿線の消費者へ提供、地域循環の「環」を構築していく
■ 循環型社会の実現などの環境負荷軽減に取り組む
収集運搬業者
J.FEC

（出所）当社Webのイラストに筆者が文字・イラストを追加。
（注）食品関連事業者、契約養豚農家、収集運搬業者がJ.FECのリサイクル・ループにとっての重要なステークホルダーである。

体状飼料の製造技術を公開している。当社は、弛まぬ研究開発で競争上の優位性を維持することで、市場拡大の恩恵を享受する戦略を採っている。

第二に、原料である食品廃棄物に特有の腐敗と臭気の問題を乳酸発酵の効果で従来に比べて大幅に抑制することに成功した。また、乳酸菌による免疫力向上・整腸への効果がある。加えて、乾燥飼料と異なり粉塵が発生しないため肺炎の罹患が減った。これらの結果、豚の疾病率低下により抗生物質の投与も削減でき、豚肉の安全性が高まった。粉塵が発生しないことは、当社と養豚農家の従業員の労働安全・衛生環境の改善にも寄与している（ＳＤＧｓ の目標３、８）。

第三に、当社の液体状飼料で育てた豚肉は筋繊維のきめが細かくとても柔らかい。オレイン酸等、健康に有用な不飽和脂肪酸が多いため、脂の甘さを味わえると同時にコレステロール値が低くヘルシーである。こうした特性から、親会社の大手私鉄の系列スーパーでは「優とん（ゆうとん）」として商標登録しており、他のスーパーでも「旨香豚（うまかぶた）」の名称でブランド化しており、当社のビジネスモデルは経済性も高い（目標８）。

（３）多様なステークホルダーとの連携（ＳＤＧｓ の目標17）

①社外

当社の工場では目視・手作業だけでなく金属を識別するセンサーを活用して混入した不適切な廃棄物を排除している。しかし、リサイクル・ループを効率的に運営するためには、食品関連事業者が廃棄物を適切に分別することが重要である。このために、食品廃棄物を受け入れる容器に設置したバーコードから、食品関連事業者が申告する廃棄物の種類・量をトレースし、異物が含まれた場合には事業者に連絡して注意を喚起している。ただ、それにもまして重要なことは、食品関連事業者の「現場」の従業員の分別に対する意識の向上である。このため、当社の社長や従業員が廃棄物受け入れ先の全ての工場・店舗に出向いて朝礼・夕礼等の場を借り、豚の飼料として廃棄物が有効利用されるというリサイクルの意義とそのための適切な分別の必要性を説明している。

ビジネスモデルの性質上、廃棄物の受け入れが計画通りにいかないこともあり出荷量も変動するため、食品関連事業者や契約養豚農家との緊密なコミュニケーションが不可欠である。処理能力を超える食品廃棄物の受け入れは謝絶し、出荷が予定量を下回る場合には早めに養豚農家に別ルートでの飼料の調達を依頼している。因みに、若手の養豚事業者にはＩＴ活用の有効性が理解されており、一部の養豚農家の飼料タンクに当社が残量を遠隔測定できるセンサーを設置し、その情報を基に適正な出荷量を判断している。

廃棄物の収集運搬業者も重要なステークホルダーである（前掲図表Ⅱ－６参照）。したがって、当社自身で運搬業を手がけるつもりはなく、むしろ良好な関係を維持することにより運搬業者が当社と取引のない企業に対して廃棄物を当社で処理するように勧誘してくれることを重視している。

また、当社の事業は消費者への安全な食料の供給にも寄与するため、消費者団体のような非営利組織と食育の普及といったテーマで連携している。具体的には、「NPO法人 持続可能な社会をつくる元気ネット」のメンバーを対象とする「フード・エコ視察旅行」を当社と大手私鉄系列の旅行代理店が共同で企画している。このツアーは、「地球に食料を、生命にエネルギーを」をテーマとする2015年のミラノ万博の視察を初回として毎年実施されており、当該NPOの事務局だけでなく、流通・小売・飲食等の事業者やリサイクル業者も参加し、意見交換の場にもなっている。

②社内

食品の廃棄と食品ロスの減少に関するSDGsのターゲット12・3[28]の実現の対策として、当社のビジネスモデルは高く評価されている。このため、毎日のように、日本国内だけでなく先進国・途上国を問わず世界中の教育機関（教員・学生）、企業（研修中の社員）、官公庁（政策策定を企図する公務員）、マスメディア（食品リサイクルの取材クルー）といった多様なステークホルダーが見学に来社する。加えて、経営陣も月例会議でパートタイマーを含む全従業員に自社の現状と今後の取り組みについて周知している。これらのため、従業員もビジネスの意義を認識し、自らの仕事に対して誇りを持っている（目標8）。結果的に、1ヵ月以上勤務した後に中途退社した従業員は特殊な例外を除くといない。

（4）社会への貢献

当社を見学するステークホルダーに対しては、当社のビジネスや持続可能な食品リサイクルについて説明することを通じてできるだけ多くの「人財」作りに協力し社会に貢献したいと考えている。このため、たとえ一人であっても見学希望者を受け入れている。これはＥＳＤ（持続可能な開発のための教育）にも資するものであり、今後も継続する方針である。

また、全世界に向けてリサイクル・ループについての情報を発信している。２０１７年６月にドイツで行われた環境省主催のイベント「２０３０アジェンダ達成に向けたＧ７協調行動ワークショップ」で、翌７月にはニューヨークの国連本部で行われた「持続可能な開発のためのハイレベル政治フォーラム」の公式サイドイベント「持続可能な未来に向けたアジア太平洋地域からのイニシアティブ」（環境省、外務省、国連開発計画（ＵＮＤＰ）、タイ政府及びマレーシア政府共催）で当社の取り組みについて発表した。

（５）展望

以上のように、当社は、食品廃棄物処理の問題（焼却によるCO_2排出、化石燃料の高騰及び最終処分場の不足）と畜産経営（穀物高騰による飼料費支出の増大・疾病問題及び安全・安心な畜産物へのニーズ）の問題の同時解決に寄与している。ＳＤＧsに関連づけると、前者は目標12、13、７、後者は目標２、３の実現に貢献している（図表Ⅱ－７）。

また、多くのステークホルダーの連携の結節点となっており、目標17も実践している。当社は大手企業のような数値目標（ＫＰＩ）を設定しているわけではないが、事業開始時から実現したい目標・ビジョンを掲げており、これに沿って次のような取り組みを着実に進めている。

第一に、２０１８年に直営養豚場を設立し、40頭の母豚を飼育している。母豚は1回あたり平均12・5頭の肉豚を年２回出産するため、２０２０年には出荷頭数が１、０００頭規模に拡大する予定である。

第二に、２０２０年には工場にバイオマスによる再生可能エネルギーを生産する設備を設置し、その活用に取り組む予定である。

第三に、２年後には県内で以下のような「サステナブル・ファーム」を起ち上げ、「食」に関する持続可能性を高め、さらには世界中に展開したいと考えている。

①養豚場ではエコフィードにより養豚

（図表Ⅱ－７）当社がビジネスで貢献する社会課題とSDGsの関係

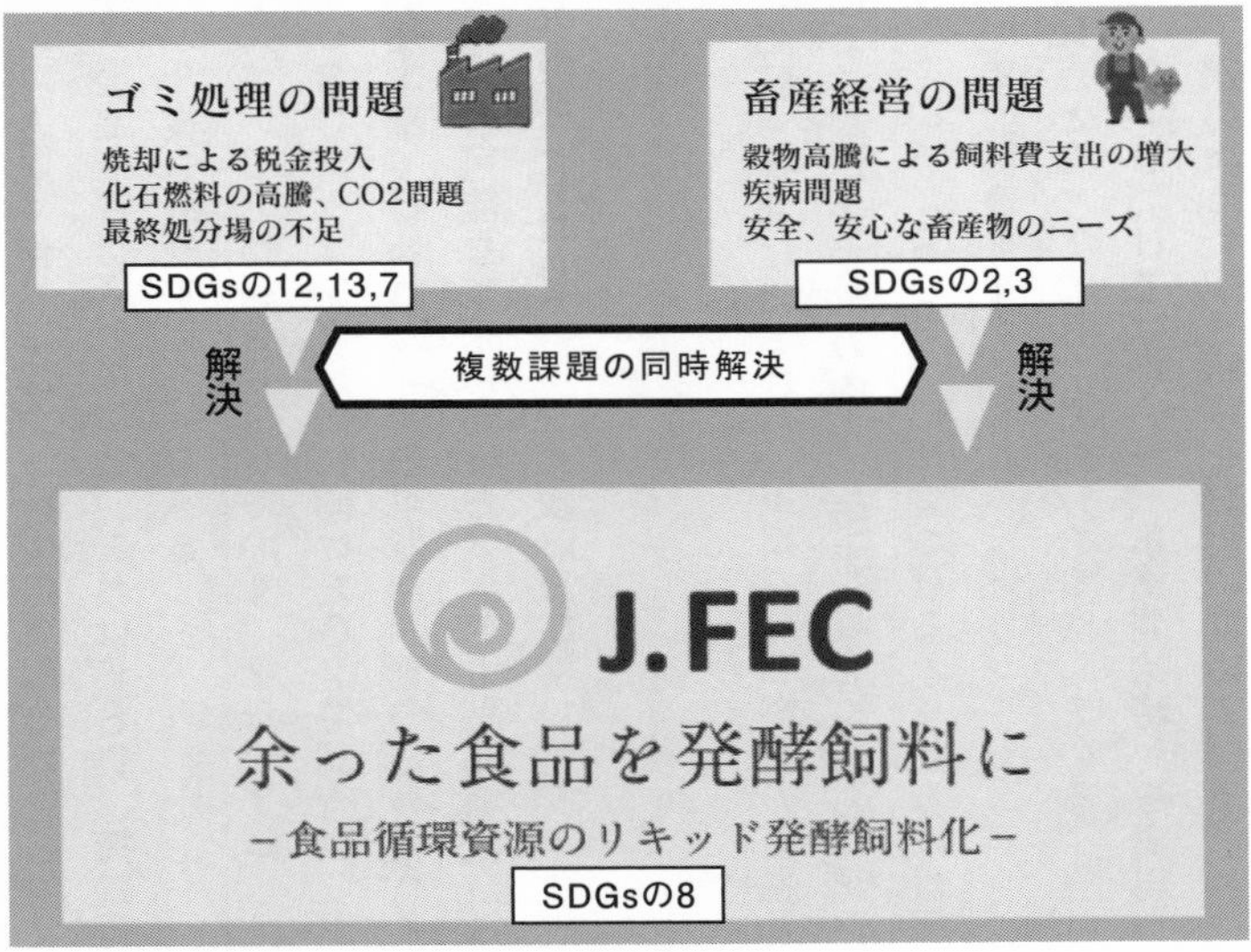

（出所）当社Webのイラストに筆者が文字を追加。

②豚の糞尿等をバイオマス発電に利用しエネルギーを100％自給
③糞尿等からできる液体肥料を用いて米・野菜等を栽培し、米の一部を飼料として使用
④豚肉や米・野菜等を用いて産地直売場とレストランで付加価値の高いビジネスを実施
⑤併設する食育施設で来場者への「食」に関する意識を高める活動を実施

4．当社の経営・CSRに対する評価

2015年には、「エコフィードを活用した畜産物生産の優良事例表彰」（主催：公益社団法人中央畜産会）で優秀賞を受賞した。また、2018年には第2回ジャパンSDGsアワードのSDGs推進本部長（内閣総理大臣）表彰を受賞した。これは、食品廃棄物処理業と飼料製造業という2つの側面を活かして持続的なリサイクル・ループを形成するとともに穀物相場の影響を受けにくい畜産経営に寄与するビジネスモデルを構築し、国内外の食品ロス対策のロールモデルになりうることが評価されたためである。

5．SDGsの課題

第一に、リサイクル事業と自治体の関係の改革である。2001年に食品リサイクル法が施行され多くの事業者が参入したものの、現存の約170の食品リサイクル事業者の内、9割はリサイクル事業単体では赤字である。この背景には、自治体が家庭ゴミだけでなく食品関連事業者等

が排出する事業系一般廃棄物を極めて廉価で回収し税金も投入して焼却処理していることがある（前掲図表Ⅱ－7）。このような状況は、リサイクル事業者が採算を確保できず業界の発展が阻害されることだけでなく、自治体の財政負担や焼却による温暖化ガスの排出という問題も内包している。このため、関係当局の審議会等で自治体事業の改革の必要性を主張している。

第二に、SDGsの観点からエコフィードの世界的な普及が必要と考えている。液体状飼料の活用は、元々チーズ等の副産物であるホエイ（乳清）やウィスキー生産の残渣を用いて欧州で行われていたが、BSEの発生を契機に欧州では食品廃棄物の飼料化が禁止された。しかしながら、世界的な食品ロス削減の流れや循環経済の普及が叫ばれていることから、当社の取り組みが注目され、現在、EUでの規制緩和を進めるための活動も行っている。

第三に、企業のSDGsへの取り組みについてである。大企業では、自社が既に実施している活動にSDGsの番号をつけているだけのように思われる会社も一部に見受けられるため、担当部署レベルではなく全社的な理解促進を基に、SDGsを戦略的に事業活動に位置づける動きを加速すべきと考えている。また、中小企業もSDGsにもっと目を向ける必要がある。社会課題の発生現場に近いところにいる中小企業は自社を取り巻く環境を改めて注視して社会に貢献できることは何なのかを熟慮することが求められる。なお、大企業・中小企業ともに、「現状」からSDGsの取り組みを開始するのではなく、「将来」の社会に何が求められるかを想定して、「今」何をすべきかを戦略的に探る思考様式が必要である。[29]

最後に、ＳＤＧｓは企業だけでなく全てのステークホルダーが実現に努力すべきであるため、消費者は、廃棄食品の削減とＳＤＧｓ・ＣＳＲに熱心な企業からの購入を優先する「持続可能な消費」を行う必要がある。このためには、ＥＳＤの一層の普及が不可欠である。

❷ ＣＳＲ・ＳＤＧｓの経営への一体化（統合）

事例に取り上げたいずれの企業も、ＣＳＲ・ＳＤＧｓの経営への一体化（統合）によって社会課題の緩和・解消に寄与するビジネスを他の企業に先駆けて行っている。大川印刷（**事例６**）では環境保護に積極的な大企業との新規取引の拡大、サラヤ（**事例７**）では消費者向けのマーケティング（ＣＲＭ）の成功につながっている。また、今後大企業による持続可能な調達がさらに広がると、規格等（事例６：ＦＳＣ、事例７：ＲＳＰＯ）の認証取得がＣＳＲに積極的に取り組む企業であることを示す傍証となり、企業に対する信頼が高まり、ブランド戦略・マーケティング戦略としても重要性が高まる可能性がある。

会宝産業（**事例８**）と日本フードエコロジーセンター（**事例９**）はいずれも静脈産業に属しているが、両社とも独自性の高いエコシステムあるいはリサイクル・ループを構築して資源の有効利用によって地球環境保護に貢献しつつ、自社のビジネスモデルをプラットフォーム化して、事業をグローバルに拡大しようとしている。会宝産業は自らが中古エンジンの品質評価のための規格（ＪＲＳ）を作成し、これが国際市場でのデファクト・スタンダード（事実上の標準）になりつつある点が注目される。日本フードエコロジーセンターも、欧州で禁止されている液体状飼料を復活させようとしている。サラヤの途上国でのソーシャルビジネスの展開と併せて考えると、日本の中小企業も世界的な社会課題の解決に直接的に貢献すると同時にビジネスとしても成り立つＣＳＲ・ＳＤＧｓを行う余地があることを示している。

なお、いずれの企業も行政・公的機関や非営利組織から支援を得ており、先進的なＣＳＲ・ＳＤＧｓに中小企業が取り組むには、多様なステークホルダーによる支援の必要性が高いことが分かる。第３章では中小企業のＣＳＲ・ＳＤＧｓへの取り組みに対する多様なステークホルダーの支援について事例を交えて紹介する。

1　２０１８年４月27日の同社の横浜営業所でのＣＥＯ・代表取締役社長の大川哲郎氏へのインタビューと２０１９年４月24日に横浜市で開催された同社のＳＤＧｓ報告会での情報に基づいている。

2　（筆者注）あらかじめ、障がいの有無、年齢、性別、人種等にかかわらず多様な人々が利用しやすいよう都市や生活環境をデザインする考え方。

3　（筆者注）環境省の「脱炭素経営による企業価値向上促進プログラム」で実施される事業の一つ。中小企業に対して、①温室効果ガス削減の目標設定の支援、②２℃目標（ＳＢＴ：Science Based Targets）水準に整合した中長期の目標設定の促進、③排出量等の算定支援及び情報提供ツールの作成支援、④ＲＥ１００（再生エネルギー１００％化）を目指した再生エネルギー電力導入に関する助言、を行う。ＳＢＴは２℃目標に整合した意欲的な目標を設定する企業を認定する国際イニシアティブであり、ＣＤＰ（気候変動対策に関する情報開示を推進する機関投資家の連合体）、国連グローバル・コンパクト、世界資源研究所（ＷＲＩ：環境ＮＧＯ）、世界自然保護基金（ＷＷＦ：環境ＮＧＯ）の4団体を事務局として２０１４年９月に設立された（設立当時のＣＤＰの名称は、カーボン・ディスクロージャー・プロジェクト（the Carbon Disclosure Project））。パリ協定において、世界共通の長期目標として、産業革命前からの平均気温の上昇を２℃未満にすることが盛り込まれたことを契機として、ＳＢＴイニシアティブへの注目が集まっている。

4　（筆者注）グリーン購入は、購入の必要性を十分に考慮し、品質や価格だけでなく環境のことを考え、環境負荷ができるだけ小さい製品を、環境負荷の低減に努める事業者から優先して購入すること。グリーン購入大賞は、グリーン購入ネットワーク（ＧＰＮ）が主催し、環境省・経済産業省等が後援する顕彰事業。ＧＰＮは、グリーン購入によるグリーン市場（環境配慮型製品・サービスの市場）の拡大を通じた持続可能な社会を実現することを目的とする任意団体であり、環境関連の研究者、自治体、企業、環境保護団体等が役員を務めている。

5　（筆者注）カーボン・オフセットは、「市民、企業等が①自らの温室効果ガスの排出量を認識し、②主体的にこれを削減する努力を行うとともに、③削減が困難な部分の排出量を把握し、④他の場所で実現した温室効果ガスの排出削減・吸収量等（クレジット）の購入、他の場所での排出削減・吸収を実現するプロジェクトや活動の実施等により、③の排出量の全部又は一部を埋め合わせること」である（環境省Ｗｅｂ）。カーボン・オフセット大賞は、カーボン・オフセット推進ネットワーク（社会全体へのカーボン・オフセットの取り組みを推進する団体）が主催し、低炭素社会の実現に向けた、カーボン・オフセットの取り組みを評価し、優れた取組を行う団体を表彰する事業であり、環境省・経済産業省・農林水産省が後援している。

6　２０１８年５月２日、東京サラヤ本社で取締役コミュニケーション本部本部長、兼コンシューマー事業本部副本部長の代島裕世（だいしまひろつぐ）氏と海外事業本部係長（当時。現、海外事業本部課長補佐、兼アフリカ開発室副室長）の森窓可（もりまどか）氏にインタビューを実施した。

7　前掲序章注10参照。

8　（筆者注）このような食べやすさに配慮した食品を「ユニバーサルデザインフード」という。

9　（筆者注）オランダとイギリスに本拠を置く多国籍企業。食品・洗剤・ヘアケア・トイレタリーなどの家庭用品を製造・販売している。

10　（筆者注）2013年に改訂された8原則は、①透明性へのコミットメント、②適用法令と規制の遵守、③長期的な、経済的・財務的な実行可能性へのコミットメント、④栽培者及び製造・加工業者によるベスト・プラクティスの活用、⑤環境に関する責任と資源及び生物多様性の保全、⑥栽培者及び製造・加工工場によって影響を受ける従業員及び個人やコミュニティに関する責任ある配慮、⑦新規プランテーションの責任ある開発、⑧主要な活動分野における継続的な改善へのコミットメント、である（サラヤWeb）。

11　（筆者注）JICA（国際協力事業団（当時）、現在の国際協力機構）、マレーシア連邦政府及びサバ州野生動物局と共同で2002年から2007年を活動期間としていた。

12　対象商品は、ヤシノミ（ヤシ油由来の野菜・食器、洗濯用の洗剤等のブランド）、ハッピーエレファント（天然洗浄成分配合の洗濯、食器洗い等の洗剤のブランド）、ココパーム（シャンプー等の頭皮エイジングヘアケア製品のブランド）のなどの各シリーズ。

13　（筆者注）CRM（Cause Related Marketing）は、特定の社会課題の緩和・解決という「大義（cause）」を販売先（主に消費者）に訴求するマーケティング手法。売上高の一部をその課題への対応のために寄付するケースが多い。

14　その他の製品で、世界中の子どもたちの衛生環境の改善、ピンクリボン運動（乳がんの早期発見のキャンペーン）、ホワイトリボン運動（途上国の妊産婦支援）をテーマとするCRMも行っている。

15　（筆者注）「ブルーオーシャン戦略」は、市場という海がライバルとの血で血を洗う競争で赤く染まってレッドオーシャンにならないように、模倣困難な独自性の高いビジネスを通じて海（市場）を青いままに維持するための経営戦略。フランスの経営学者であるキムとモボルニュが提唱。「グリーン・オーシャン」は、ソーシャル・イノベーション・マガジン「オルタナ」がブルーオーシャン戦略を基にして提唱した概念。なお、当社のウガンダの現地法人であるサラヤ・イーストアフリカ（後述）が２０１７年にオルタナが主催する第1回グリーン・オーシャン大賞で優秀賞を受賞した。

16　前掲・第1章注2参照。

17　ＧＭＰ（Good Manufacturing Practice）は、医薬品や医療器具などを製造するための製造と品質管理の規則。

18　（筆者注）ウガンダに2、０００米ドル（ＦＯＢ価格）以上の貨物を輸出する場合、ウガンダ国家規格局（ＵＮＢＳ）から認定された検査会社に、ＵＮＢＳの規定、安全規格およびその他の要求事項を満たしていることを記載した書類やサンプルを提出して検査を受け、「適合証明書（Certificate of Conformity: ＣｏＣ）」を取得する必要がある。ＣｏＣは、ウガンダでの通関手続き時に必要になる（ＪＥＴＲＯ Ｗｅｂ）。

19　２０１９年6月18日に当社本社で代表取締役社長の近藤高行氏にインタビューを実施した。

20　ＪＲＳはコンサルティング会社の指導を受けて作成された。また、２０１３年には、このＪＲＳをベースとする公開仕様書（ＰＡＳ：Publicly Available Specification）を基に、中古エンジンの評価規格「ＰＡＳ７７７」が英国規格協会（ＢＳＩ）から正式に発行された。

21　ＫＲＡシステムの利用のほか、ＫＭＥやＫＴＮのオークションへの出品、当社による部品買取などのサービスを受けることができる。なお、利他的な信念を有する当社会長の主導で、２００３年に特定非営利活動法人ＲＵＭ（リユース・モータリゼーション）アライアンスが設立され、業界全体の発展のための情報交換を中心とした活動も行っている。ＲＵＭアライアンスの会員は主に同業者である。

22　プレゼン大会での発表は2、3人のチーム単位で行っている。

23　元々は会長が有していた食糧危機に対する備えの必要性への認識がこの事業の原点である。

24　（筆者注）「ビジネス行動要請（Business Call to Action：ＢＣｔＡ）」は、国連開発計画（ＵＮＤＰ）、オランダ外務省、スウェーデン国際開発協力庁（Ｓｉｄａ）、スイス開発協力庁、英国国際開発省（ＤＦＩＤ）、米国国際開発庁（ＵＳＡＩＤ）が主導するイニシアティブ。ＢＯＰ層（第1章の注2参照）の経済的な自立・

発展に貢献するビジネスモデルに企業が取り組むことによってＳＤＧｓの実現に向けての進歩を加速させることを目的としている。

25 ２０１９年５月13日に当社本社で代表取締役の高橋巧一氏にインタビューを実施した。

26 この開発は、農林水産省の補助を受けて、産学官連携で行われた。

27 社長は幼少時から経済・社会の仕組みが地球環境・社会・人間にとって持続可能であるかについて疑問を持ち、獣医師になった後、経営コンサルタントとして活動する中、未利用資源の飼料化に関する農林水産省の審議会で大手私鉄と関わったことを契機として関連会社の顧問に就任した。そこで、同私鉄の系列スーパーで発生する食品廃棄物を原料とする液体状飼料の製造に携わった。

28 ＳＤＧｓのターゲット12・３「２０３０年までに小売・消費レベルにおける世界全体の一人当たりの食料の廃棄を半減させ、収穫後損失などの生産・サプライチェーンにおける食品ロスを減少させる」。

29 こうした思考様式が序章の１（４）①で述べた「バックキャスティング」である。

第3章 中小企業のCSR・SDGsと多様なステークホルダーの支援

ＣＳＲ・ＳＤＧsへの取り組みは殆どの場合、資金や人員等の負担を企業にもたらす（前掲図表序-8、12）。特に、大企業に比べると経営資源が不足しているケースが多い中小企業が取り組む際には社外の多様なステークホルダーと連携して、その支援を受ける必要性が高い。

本章では、第一に行政・公的機関による中小企業に対する支援を取り上げる。先ず、ＳＤＧs未来都市に選定された自治体の取り組み（**事例10**）と行政及びその関連の公的機関が創設した地域貢献企業の認定制度（**事例11**）を紹介する。次に、公的支援を利用して環境保護・地域活性化に取り組む中小企業2社を取り上げ（**事例12、13**）、その上で各種の支援に対する中小企業の意識と課題を論じる。

第二に、様々なステークホルダーの支援について述べる。先ず、地域に愛される永続企業の増加を目指す非営利組織（**事例14**）と非営利組織を設立してＣＳＲ・ＳＤＧsに取り組む中小企業（**事例15**）を取り上げる。次に、従業員の代表である労働組合（**事例16**）の取り組みについても言及する。加えて、中小企業と関連の深いステークホルダーの役割について述べる。

❶ 行政・公的機関の支援と公的支援を利用する中小企業の取り組み

（1）行政・公的機関が行う中小企業への支援

事例10　ニセコ町[1]

―経済・環境・社会の持続可能性向上を目指すＳＤＧｓ未来都市―

所在地　北海道虻田郡　　面　積　１９７・13㎢

人　口　４、９５８人（２０１５年国勢調査。外国人を含む）

基幹産業　観光（２０１８年度観光客数：１、６７０、５８７人）

農業（特産品：じゃがいも、米、乳製品等）

沿　革　１９０１年：真狩村より分村独立。「狩太村」と命名され、役場を設置。

１９５０年：町制施行される。

１９６４年：「ニセコ町」に改名。

２００１年：ニセコ町開基１００年。「ニセコ町まちづくり基本条例」施行。

２０１４年：環境モデル都市に選定される。

２０１８年：ＳＤＧｓ未来都市に選定される。

1.「SDGs 未来都市」選定までの経緯

ニセコ町は、25年ほど前から「住民参加と情報共有のまちづくり」を基本方針としており、2001年に施行された「ニセコ町まちづくり基本条例」でこの方針を明文化した。「まちづくり」にとって、住民が住むことに誇りを持てることが重要である。これには、「情報共有」と「住民参加」の実践が不可欠である。また、経済・環境・社会の三側面の最適なバランス・好循環が必要であり、2014年以降「環境モデル都市」の構築に取り組んできた。

現在、多くの自治体が人口減少に悩まされる中、これまでの取り組みによって、ニセコ町の人口は約5千人と微増傾向で推移しており、行政単位としての持続可能性は保持されている。今までにも増して重要な課題は、次の世代に引き継ぐ価値のある「相互扶助社会」の構築、「持続可能なまちづくり」である。こうした中、政府が「SDGs 未来都市」を募集した。この理念はニセコ町の取り組みと親和性が高いため応募し2018年6月に選定された。今後も一つひとつ丁寧にニセコ町のまちづくりを実践し、全国の自治体のモデルとなるよう「持続可能なまちづくり」の実現を図っていく方針である。

2.「SDGs 未来都市」の構築に向けた取り組み

SDGs 未来都市を構築するために、これまでの環境モデル都市構築に向けて実施した政策のブラッシュアップと新たな施策展開を検討している。この内、持続可能なまちづくりの一翼を担う中小規模の事業者に関連する課題と主要な取り組みは以下のようなものである。

（1）経済（SDGsの目標8、9）

経済面では、「地域経済循環と『稼ぐ力』の強化」が課題である。第一に、主力産業である観光業の環境面を含めた持続可能性の向上のために、観光目的税の導入を検討・実施する。この税収を観光業の基盤である豊かな自然環境の保全や観光インフラの整備、あるいは観光の質の向上にあてることにより、例えば、リピーターの向上につなげ、持続的な観光産業の振興を図る。

第二に、創業支援・企業進出支援に今後も力を入れていく。域内経済の自律的循環を強化するために、観光及び農業関連を中心として企業規模の大小を問わずクラスター的な集積の高度化を目指している。域内で資本を循環させるという観点からは、個人レベルの創業（カフェ、雑貨店等）も集積の裾野の広がりに寄与するため重要と考えている。このため、例えば、中小飲食店の創業を対象とする補助金と低利融資の制度を設けており、商工会の会員数が近年増加している（図表Ⅲ－1）。また、起業家の人材育成というソフト面への支援も重要であるため、小樽商科大学と共同で起業セミナーを行っているニセコ町商工会に対して補助を行っている。

（2）環境（SDGsの目標7）

環境面での課題は、「省エネルギー、再生エネルギー導入の促進、資源循環」である。

第一に、地域エネルギーの循環を高めるために、ニセコ駅前への面的地域熱供給の導入の可能性を検討している。これは、駅前で温泉熱、地中熱、太陽熱等の再生可能エネルギーを町が開発して、駅前の多くの施設に面的に暖房、給湯、ロードヒーティング等の熱供給を現状よりも低コストで行うシステムを構築する構想である。熱供給の対象には、公共的な温浴施設、ＦＭ放送局に加えて、農協が所有していた施設を再利用したニセコ中央倉庫群の倉庫を賃借している中小企業も含まれており、これらの企業の省エネ・コスト削減にも寄与する。現在は、有望と考えている温泉の掘削調査を行っている。

第二に、環境に配慮した個別・集合住宅の建設促進に取り組む予定である。現在、人口が増勢を辿っており住宅が不足しているため、町全体の環境効率性の向上に資する高気密・高断熱の住宅建設が喫緊の課題となっている。このため、建築業者などを対象とするセミナーを通じて、環境効率の

（図表Ⅲ－１）ニセコ町商工会会員数の推移（各年４月１日時点）

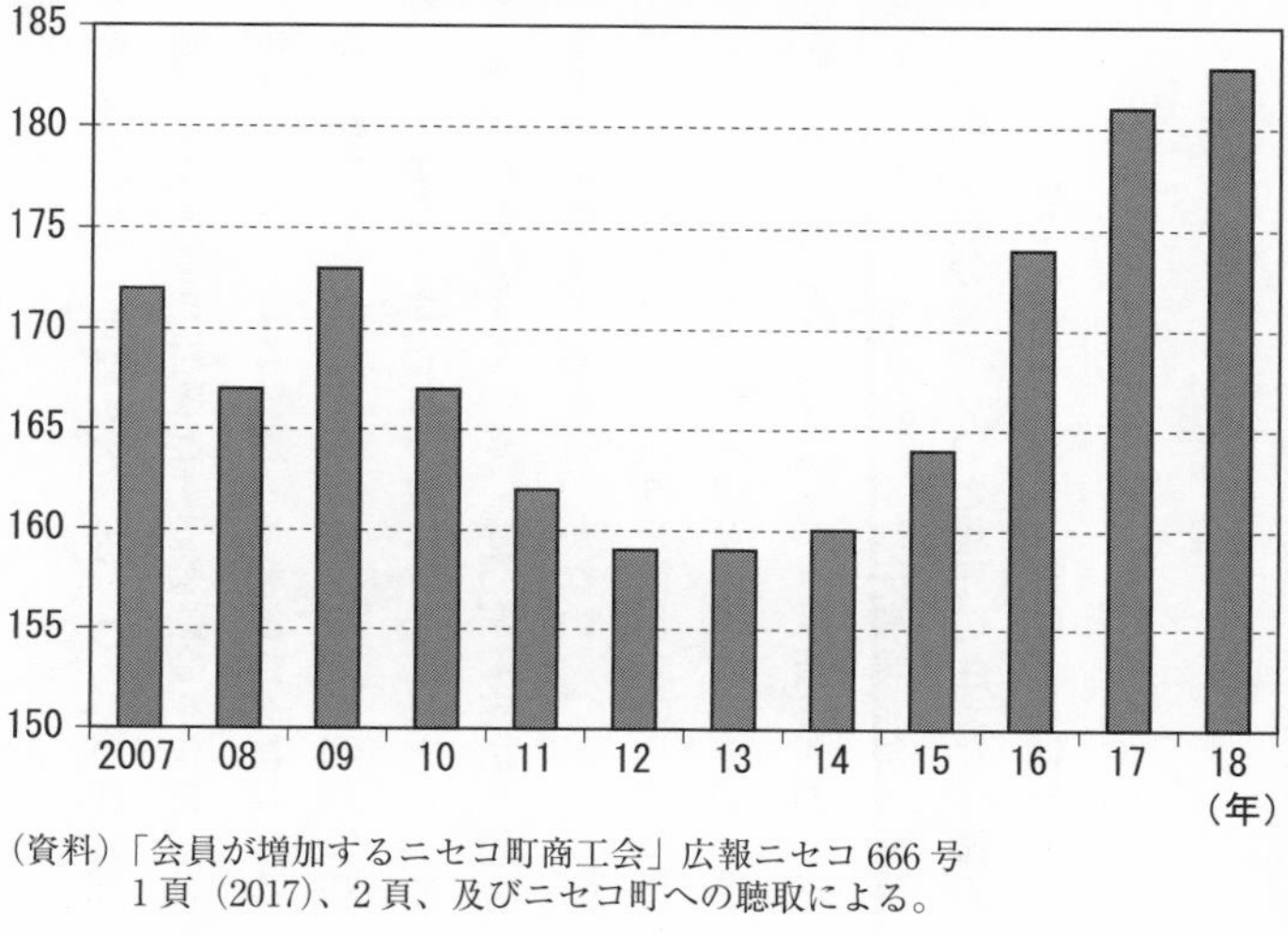

（資料）「会員が増加するニセコ町商工会」広報ニセコ 666 号 1 頁（2017）、2 頁、及びニセコ町への聴取による。

高い住宅建設に関する認識・スキルの啓発に取り組んでいる。

　また、観光事業者の環境・省エネルギーに対する意識の啓発にも努めている。CO_2が観光部門から多く排出されているため、観光業の支配人、施設管理者等を対象とする勉強会を年2、3回実施し、節電によるコスト削減、大きな投資や人手を必要とせずに快適さや利便性を維持する方策について講義している。さらに、省エネの専門家が観光事業者（年4施設程度）を個別に訪問し、省エネ診断を行っている。浴槽にふたをする、カーテン、すだれで日よけをするといった簡単なことで、CO_2の排出と燃料費を削減できることなどを伝えている。専門家に支払う謝金は経済産業省の補助金を用いて町が負担しており、事業者には金銭的な負担がない。

　加えて、従前から事業者に委託して資源ごみのリサイクルや廃棄物の処理を行っている。リサイクルについては、ビン・カン等、17種類の分別回収を行っている。廃棄物の処理に関しては、生ごみ（ごみ袋は生分解性プラスチック製。16年ほど前から有料化している）、家畜の糞尿、下水汚泥について、指定管理者制度で運営している堆肥センターで堆肥化し、地元農業者等へ販売している。基本的には事業運営は独立採算であるが、適切な水分量でないと堆肥の生産に支障があるため水分調整に木材チップが必要な場合がある。こうしたことなどから、町による補助も一部で行い、事業の円滑な運営を支援している。また、農業者にその堆肥の購入費の一部を補助し、域内で経済が循環するようにしている。

（3）社会（SDGs の目標11、16、17）

社会面での課題は、「安心して住み続けられる地域コミュニティの形成」である。第一に、町で定める性能基準などを満たした民間賃貸住宅を建設する個人または法人に費用の一部を補助することによって、賃貸事業者に高気密・高断熱の質の高い住宅を建設するインセンティブを付与する。第二に、ローカルスマート交通の構築を検討している。現在、域内の公共交通としては、町が補助し民間事業者が運行しているオンデマンドバスがあるが、より柔軟性の高い補完的な交通手段に対する住民のニーズが高い。このため、ボランティアドライバーの自家用車を用いた互助による乗合運送[2]の実証実験等を行い、移動手段の最適化を目指す。

3.「ＳＤＧｓ未来都市」に向けた展望

ＳＤＧｓ未来都市のモデル事業として国の補助を受けて「ＮＩＳＥＫＯ生活・モデル地区構築事業」を開始した。これは、経済・環境・社会の三側面をつなぐ統合的取り組みであり、ＳＤＧｓの理念を踏まえて、地域経済の活性化に資する環境効率の高い住宅、多様性のある住民の自治等で、ニセコのブランド価値を高める構想である。現在は構想・計画段階であるが、これまでの経験を活かし、かつ、ニセコ町の「住民参加と情報共有」のまちづくりのプロセスを経ながら必要な施策を順次実行する方針である。

事例11　横浜型地域貢献企業支援制度[3]（横浜市・公益財団法人横浜企業経営支援財団）
－中小企業に対する「地域ＣＳＲ」の動機付けを目的とする公的な認定－

１．「横浜型地域貢献企業」認定制度創設の端緒と推移

本制度は、市内の企業に「地域を志向するＣＳＲ」（以下、地域ＣＳＲ）への取り組みを盛り上げる必要があるとの機運が高まっていたため、現在の公益財団法人横浜企業経営支援財団（以下、ＩＤＥＣ）と横浜市が実施主体となり２００７年度に創設された。申請企業数は増勢を辿り、２０１７年度末現在で４５９社が認定されている。創設に当たっては、ＮＰＯ法人スタンダード推進協議会、横浜商工会議所、横浜市立大学ＣＳＲセンターの協力を得て制度を設計し、認定を開始した。

２．制度の概要（図表Ⅲ－２）

本業及びその他の活動を通じて、地域貢献活動に取り組んでいる企業を、一定の基準の下に「横浜型地域貢献企業」に認定している。「横浜型地域貢献企業」は、①地域や社会を意識し、②地域貢献の視点を持って社会的事業に取り組み、③地域と共に成長・発展を目指す企業であり、市内の中小企業に対して地域ＣＳＲのロールモデルとなることを期待している。現在の認定方法は、①システム評価（経営に地域ＣＳＲを統合するＰＤＣＡサイクルがマネジメント・システム

として構築されているかどうか）と、②地域性評価（地域貢献活動への取組状況）で構成されている。両評価を総合して、上位認定、最上位認定の２段階で認定している。

３．認定企業に対する支援

認定企業に対しては以下のような支援を行っている。

①認定証・認定マークの付与、横浜市、ＩＤＥＣのウェブなどで認定企業の活動を紹介
②認定企業間のネットワーク形成のための交流会
③認定企業限定セミナー実施、ＩＤＥＣ主催セミナーの割引受講
④継続的経営コンサルティングの利用料優遇
⑤横浜市中小企業製造業設備投資等助成制度の資格要件緩和
⑥低利の融資制度「横浜プラス資金（公的事業タイアップ型）」の資格認定（融資額５，０００万円を上限に信用保証協会保証料額の３／４を助成）
⑦横浜市の公共工事における受注機会の優遇

①は認定企業のブランディングに寄与するものであり、②から④は地域ＣＳＲの一層のレベルアップの支援である。⑤から⑦は経済的インセンティブであり、担当部署では、認定企業からの応募が増えているとの感触を得ている。なお、⑦の支援措置を導入した２０１２年度以降、建設関連企業を中心に認定が増加している。

5. 認定企業への主な支援

①認定証・認定マークの付与、横浜市、IDECのホームページなどで認定企業の活動を紹介
②認定企業間のネットワーク形成のための交流会
③認定企業限定セミナー実施、IDEC主催セミナーの割引受講
④継続的経営コンサルティングの利用料優遇
⑤横浜市中小企業製造業設備投資等助成制度の資格要件緩和
⑥低利の融資制度「成長支援資金（公的事業タイアップ型）」の資格認定
※最上位認定の企業には、融資額5,000万円を上限に信用保証協会保証料額の3/4を助成
⑦横浜市の公共工事における受注機会の優遇

	項　目	内容例
必須	コンプライアンス	法令遵守宣誓書、納税証明書、許認可
重要（※）	地域社会貢献	地域ボランティア、文化事業への積極的な参加、等
	地元活用・志向	業者選定（地元企業優先）、地元ブランドの販売、等
	雇用（地域性基準あり）	女性の活躍促進（よこはまグッドバランス賞認定など）、出産育児サポート、介護サポート制度、高齢者・障害者積極雇用、等
	環境	認証取得（ISOなど）、地域環境活動参加、リサイクル、等
	品質	認証取得（ISOなど）、高齢者対応製品、健康に配慮した食品、等
一般	財務・業績	黒字決算。出納と帳簿作成の分離、会計参与の設置、等
	労働安全衛生	認証取得（OHSASなど）、健康・労務相談窓口の設置、等
	消費者・顧客対応	顧客対応窓口の設置、顧客対応の教育・訓練制度、等
	情報セキュリティ	Pマーク取得、厳重な文書・データ管理、顧客情報管理、等

（※）「重要」項目のうち、地域社会貢献、地元活用・志向のいずれか1項目は必ず取り組む必要（選択必須）がある。但し、「最上位認定」には地域社会貢献、地元活用・志向の両項目とも必須。

（資料）IDEC Web
（注）・「地域志向CSRマネジメント・システム規格」は、本制度のために開発された専用の規格。
・OHSAS（Occupational Health and Safety Assessment Series）は、労働安全衛生のマネジメントシステム規格。なお、OHSAS18001やILO（国際労働機関）のガイドラインを基に開発されたISO45001（労働安全衛生）が2018年3月に発行されたため、今後OHSAS18001からISO45001へ認証の移行が始まる。

（図表Ⅲ－２）横浜型地域貢献企業支援制度の概要

1．横浜型地域貢献企業の定義

①地域や社会を意識し、②地域貢献の視点を持って社会的事業に取組み、③地域と共に成長・発展を目指す企業。

2．制度の目的・対象

目的：地域と企業が「信頼」と「ネットワーク」で結ばれる豊かな市民生活を実現することを目的にして、本業及びその他の活動を通じて、地域貢献活動に取り組んでいる企業を、一定の基準の下に「横浜型地域貢献企業」と認定し、共に成長・発展をめざす。

対象：横浜市内に本社または事業所を有し、3年以上事業を継続し、法人市民税を納付している企業。

3．認定の評価内容（①，②の両方をクリアした場合に認定される）

①システム評価

本制度の「地域志向CSRマネジメント・システム規格」に基づき、地域貢献活動に継続的に取り組むための経営システム（Plan→Do→Check→Act の仕組み）が構築されているかどうかを評価する。

（主な評価項目）

・地域や社会への視点を組み込んだ経営ビジョンの策定・周知状況
・地域や社会を意識した事業活動に取り組む組織体制の構築状況
・社員の意識啓発、人材育成の実施状況
・社内ルール、手順書の作成、周知状況　など

②地域性評価

地域貢献活動への取組状況を、一定の取組項目数とこれに対応する地域性基準により評価（企業規模によって必要な取組数が異なる。末尾の項目・内容例の表を参照）

4．認定基準と格付け

システム評価に適合した上で、地域性評価によってクリアした項目数によって、①上位認定、②最上位認定の2段階で認定（最上位認定は「地域社会貢献と地元活用・志向の両方のクリア」及び「直近3期以内に1回は黒字であること」が追加要件）

これらの支援活動を質の良い地域貢献への呼び水と位置付けており、地域ＣＳＲが永続的なものとなり、市内の企業に幅広く普及することを企図している。

4．効果

この認定の有効期間は当初認定時と1回目の更新時は２年間、２回目の更新からは３年間であり、市外に転出する等の事情を除くと殆どの認定企業が更新している。認定企業からは、信用度の向上、従業員のＣＳＲの必要性に対する気づき、会社の強み・課題の共有等につながった、との好意的な反響が多い。ある認定企業が若干名のエンジニアを募集したところ、数十人の応募があったとの声が聞かれ、採用面での効果も見受けられる。

また、市内の私立大学に認定企業限定の就職説明会の開催をＩＤＥＣが打診したところ、安心できる企業を学生に紹介したい大学から了承を得ることができ、認定企業20社が参加して実施に至った。

5．課題と対応

認定制度の宣伝を強化してほしいとの要望があったこともあり、制度10周年を期に２０１７年に「プレミアム企業」２社の表彰を行い今後も継続することを決定したが、市内企業の最先端のロールモデルとなることを期待している。

一方、認定と更新の要件である経営システムの構築と運用は、中小企業にとって煩瑣であり、要件の緩和を求める声もある。このため、制度の信用性維持とのバランスを考慮して２回目以降の更新からは認定の有効期間を２年から３年に延長した。２０１８年度からは、新規申込予定の企業には、経営者（ＣＳＲの担当者の同伴可）の説明会（全３回）への参加を推奨している。これは、地域貢献の継続的な水準向上には経営者の地域ＣＳＲに対する正しい理解が不可欠だからである。

（2）公的支援を利用してCSRに取り組む中小企業

事例12　武州工業株式会社[4]

－システム思考に基づく独自の生産体制で環境と地域の雇用を守る－

所在地	東京都青梅市	設立	1952年
資本金	4，000万円	従業員	157名（2019年4月現在）
事業内容	自動車用金属加工部品、板金、プレス、樹脂加工、自動制御機械製作、医療・介護機器、知育玩具製作		

1．沿革

1952年に初代社長が当社を設立。1970年に現在地に本社機能および工場を新設し移転。1983年に「アタックV35」を開始した。「アタックV活動[5]」は当社が策定する生産体制の高度化を中心的目的とする中期戦略とその実行のための一連の活動の総称であり、「アタックV40」を開始した1987年に「1個流し生産方式」（後述）の1号ライン設置した。1992年に現社長が就任。2013年に主に医療機器を生産するための新工場を本社近隣に増設。2017年からは、「エシカルな経営に」を合言葉として「アタックV70」を展開中。

2．事業の概要

当社の主力製品は自動車・建設用機械の部品であり売上高の65％を占めている。この他に、２００８年に製品化した医療機器（手術用内視鏡）用部品等の構成比が現在35％にまで上昇している。

独自の生産システム（後述）による板金加工と流体（液体や気体）を流すパイプの精密曲げ加工（月産９００種類／90万本）を得意とする。受注後48時間以内での顧客のラインへの納品が原則のため、ＱＣＤＤＳ（品質、価格、納期・物流、開発、顧客サービス）の徹底的・継続的な改善を通じた生産性の向上を重視している。

３．ＣＳＲの原点となる社是・社訓・経営理念について

当社の経営理念は初代社長が「会社方針」として制定した。また、より具体的な「品質基本方針」と「環境理念・環境方針」も定め、ホームページで公開している。会社方針は毎週初めに全体朝礼で、それ以外の日は班毎に唱和することで社内で徹底しており、環境理念・環境方針はサプライヤーからも理解を得られるように努めている。

【会社方針】
私達は、創意と熱意と人の和で、職場の体質改善を計り、顧客に信頼され、働き甲斐のある

企業にする。

【品質基本方針】

「お客様満足度の向上」を目指し、お客様に喜ばれ、信頼される製品を提供する。

【環境理念】

「物作りを通じ、地域社会の一員として、社会の健全な関係を重視し社会奉仕する」という思想を基に、企業活動と自然環境の調和を計る為、全社員の創意と工夫で環境の向上を進めて行きます。

【環境方針（抜粋）】

私たちは金属パイプ加工・板金加工による製品の開発・生産・販売の事業を行うに当たり、環境保全を最重要項目のひとつとして位置付け、豊かな社会の発展を目指して活動推進して行きます。

このような方針・理念に基づいて、高い品質・生産性のもの作りと、従業員への配慮を軸として、環境保護と地域社会への貢献も重視することをＣＳＲの基本としている。現在、事業活動をＳＤＧｓとどのように関連づけてＣＳＲを高度化するかについても取り組んでいる。[6]

4．ＣＳＲ・ＳＤＧｓの取り組み

当社の多品種少量生産と迅速な納品を支えているのが「１個流し生産方式」である（図表Ⅲ－３）。これは、１人の技術者が材料調達から加工、品質管理、出荷管理を行う多能工生産であり、製品の形状に合わせた小型の設備（当社では「ミニ設備」と呼ぶ）を内製化し、複数の設備を扇形にレイアウトして加工を行う生産体制である。多能工が１人で１つの製造ラインを担っており、生産体制を柔軟に変更することができ製品在庫を持つ必要がない。

ＩＳＯ９００１（品質管理）とＩＳＯ１４００１（環境管理）の認証をそれぞれ16年間、10年間取得していたが、２０１７年と２０１８年以降は認証を更新せずに、資格を有する従業員による内部監査に移行しＩＳＯと同水準の品質・環境管理を行っている。なお、ＩＳＯ１３４８５（医療機器・体外診断用医薬品）については、２０１７年に認証を取得した。

また、継続的な生産性向上のために、次のようにＩＣＴ、ＩｏＴの積極活用に取り組んでいる（ＳＤＧｓの目標９）。第一に、自社開発のシステムで受注管理・部品発注・在庫管理・出荷管理などのデータベースの情報を一元的に管理して、顧客・製造現場・事務所・管理者とリアルタイムで情報を共有・管理している。第二に、スマートデバイス（スマートフォン等）向けの「生産性見え太君」というアプリケーション・システム（アプリ）を開発した。これは、デバイスに３軸加速度センサが内蔵されていることを活かしたＩｏＴシステムであり、アプリがインストールされたデバイスをミニ設備に装着すると設備稼働のペースが自動的に記録されるとともに、設備の停止時には操作者がアプリにその理由を選択して入力する。これらの情報を基にして、目標と

（図表Ⅲ－３）武州工業の「1 個流し生産方式」

▶1個流し生産の流れ

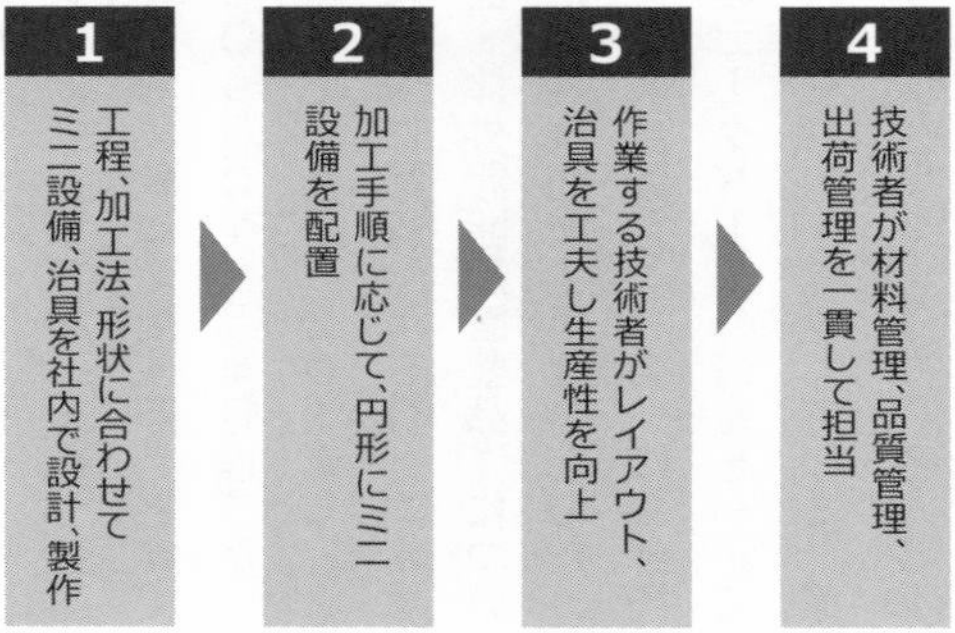
1
工程、加工法、形状に合わせてミニ設備、治具を社内で設計、製作
2
加工手順に応じて、円形にミニ設備を配置
3
作業する技術者がレイアウト、治具を工夫し生産性を向上
4
技術者が材料管理、品質管理、出荷管理を一貫して担当

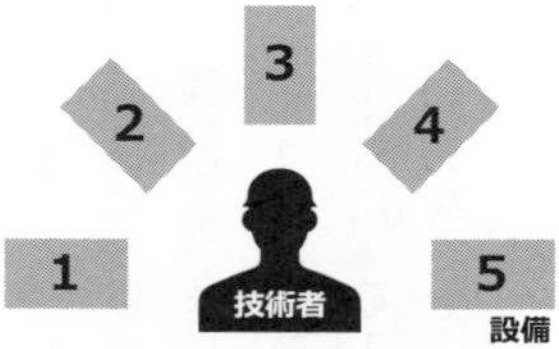
3
2
4
1
技術者
5
設備

一個流し生産のレイアウト図

9工程一個流し生産（自動車部品製造ライン）の設備レイアウト
（出所）当社Web

するペースとの乖離の理由をリアルタイムで把握し、目標達成の阻害要因を分析し改善策を講じた結果、当社では生産性が20％向上した。[7]

このように、製造工程、品質・環境管理、情報等のシステム的・計画的な把握、すなわちシステム思考に基づいて中長期的な方向性を打ち出し、これを現場が具体化することによって、ユニークなもの作りの仕組みを構築し、日勤のみで交代制勤務を必要としない体制（一直）を維持している。

（２）従業員への配慮

「１個流し生産」では一人の多能工に仕事を任せるため、その技能継承のために人材育成を重視している（目標４）。ＯＪＴを中心としており、一般に難しいと言われるアルミの蝋付けを新入社員にさせるなど、若手社員に早期に高いスキルを習得させている。Ｏｆｆ－ＪＴについては、ＩＳＯの内部監査員育成等の講座を受講するように定めて、社内資格に応じて教材費の半額を補助することなどで外部資格の取得を奨励している。また、産学連携での研究開発や女性技能職を積極的に登用していること（目標５）も社員（平均年齢は35歳）のモチベーションとスキルの向上に寄与している。

なお、社員の健康維持とゆとりのある生活が重要であると考え、従来から日勤・一直の勤務体制を採っていたが、２０１５年から「夜は寝よう！土日休もう！」というキャッチフレーズで正社員を対象として「８・20体制」（１日８時間、月間20日労働）を制度化した（目標３）。また、生産性見え太君等を通じた改善活動が単なる労働強化に陥らないように、当社では経常利益の半分を期末賞与として従業員に還元する協定を労働組合と結んでいる。

以上のような取り組みを通じて働き方改革に力を入れ、地域の雇用維持にも貢献している（目標8）。

（3）環境保護

①グリーン調達

販売先からの要請もあり、グリーン調達を行っている。具体的には、当社に原材料等を納入するサプライヤーに対して、環境に配慮した納入品かどうかを確認し、誓約書や確認書の提出を受けている。

②太陽光発電・ガスコージェネレーション発電等

２００７年には、新エネルギー・産業技術総合開発機構（ＮＥＤＯ）から助成を受け、本社事務棟の屋上に20㎾hの太陽光発電装置を設置した。加えて、新工場では１００㎾hの太陽光発電装置と35㎾hのガスコージェネレーション発電システムも導入した（コージェネについては、一般社団法人都市ガス振興センターのガスコージェネレーション推進事業費補助金を利用した）。この結果、現在これらの新エネルギーで当社の使用電力量の12％を賄っている（目標7）。

なお、照明の99％をＬＥＤ照明としており、新工場ではエアコンの廃熱を２００トンの雨水で冷却し、この雨水を中水（水洗トイレの用水等）としても使用することで地中放熱しており、温暖化の防止にも配慮している（目標13）。

③生産性向上

製造業では、大上段にかまえるのではなく、自分達の出来ることから少しずつもの作りの生産性向上を継続的・段階的に進めて行くことが環境保護につながっていくと感じている。その意味で、既に述べた、「生産性見え太君」の活用などが結果的に資源の無駄や温暖化ガスの排出抑制につながっている。

（４）地域社会への貢献

①適正な納税

社会貢献の基本は、利益を出して納税することであると考えている。１９６８年より赤字決算はなく適正納税を実践し、税務署が５年に一度行う表敬という栄誉に７回浴している。当社所在地の税務署管内で、表敬回数が７回に達している企業は２社のみである。

②近隣地域・経済団体等での活動

本社工場は住宅地に隣接しているが、１９９８年から毎日、周辺の道路の清掃活動を行っているほか、本社敷地内で採れた果物を無料で配布するなど、近隣住民とは円滑に共存している。また、地元商工会議所では監事として、地域の中小企業の活性化に尽力しているほか、東日本大震災の際には被災地の中小企業に社用車を２台寄付した。

③デジタルイノベーションハブin武州庵

ＴＡＭＡ協会（一般社団法人首都圏産業活性化協会）が関東経済産業局の「中小製造業向けＩｏＴ活用による総合情報管理システム普及促進事業」の一環として、中小製造業のＩｏＴ活用を推進するためのワークショップを当社本社で開催し講師を務めている。このワークショップは「デジタルイノベーションハブin武州庵」という名称であり、地元企業30社が参加し年６回ＩｏＴシステムと「生産性見え太君」の適切な利用法を講義しており、当社だけでなく地域企業に生産性向上、環境保護、雇用維持が幅広く普及することを目指している。

5.「三方よし」のもの作りとＳＤＧｓ

ＩｏＴだけでなくＡＩ（人工知能）の積極活用もＳＤＧｓの目標９として位置付けている。これは生産性向上による販売先と当社の利益に寄与するだけでなく、廃却品の削減による環境負荷の低減にもつながっており「三方よし」の精神と密接に関係している。

具体的には、当社は自動車部品メーカーに納入する熱交換器パイプの外観検査をＡＩの機械学習で行う判定システムを導入している。このシステムの判定精度を検証したところ、最終的に不良品となるパイプ（ＮＧ品）については１００％を不良品と判定する一方で、最終的に良品となるパイプ（ＯＫ品）の30％を不良品と判定してしまっていた。ただ、このシステムでは、メーカーへの不良品の納入を食い止め、ＡＩが不良品と判定したＯＫ品のパイプは人による再検査を行った上で納入することができている。継続的な機械学習によってシステムの判定精度が向上しており、AIによるOK品とNG品の完全な識別と一層の生産性向上を目指している。

もともと、この外観検査は当社で11人が1日6千個を目視で行っていたが、部品メーカーの要求水準が不明だったこともあり検査者の主観に影響され判断の基準が過剰に高くなってしまい、過剰な廃却品が発生していたため取引の利幅が薄かった。こうした中、メーカーから増産要請を受け、外観検査をメーカーが行うことで合意した上で1万個/日への増産に対応したところ、メーカーでの検査による不良率が当社より低かった。このため歩留まりが改善し、当社は人件費の削減と増産の効果で利幅を広げるとともに納入単価の引き下げが可能になり、廃却品も減少した。この結果、当社とメーカーの双方が利益を増やすことができるようになるとともに、環境に負荷をかける廃却品が減少し、地域社会（国内）での生産・雇用の維持にも寄与している。その後紆余曲折を経て、再び当社で外観検査を行うようになり、先に述べたAIシステムによる検査を導入した。結果的に、売り手（当社：サプライヤー）、買い手（メーカー）、世間（環境・地域社会）の全てが利益を得る「三方よし」を実現しており、SDGsの目標9に貢献している。

この経験から、「三方よし」の精神と軌を一にする部分が多いSDGsが「メーカー」と「サプライヤー」の間での適正な取引関係の構築と「環境保護・地域雇用の維持」のための規範として普及することを期待するようになった。

6．当社の経営・CSRに対する評価

以上のような当社の取り組みが様々な形で評価されている。２０１１年にはＴＡＭＡ協会と地元信用金庫が主催する「ＴＡＭＡ環境ものづくり大賞」で日刊工業新聞社賞、２０１２年には東京商工会議所の「第10回勇気ある経営大賞」で優秀賞、２０１４年に認定ＮＰＯ法人環境文明21の「環境力大賞」をそれぞれ受賞した。２０１５年には「攻めのＩＴ経営中小企業百選」に選定されるとともに、日刊工業新聞の地域社会貢献者賞を受賞した。さらに、２０１６年には、雇用への貢献と独創的なビジネスモデルが評価され「はばたく中小企業・小規模事業者３００社」（中小企業庁）に選定され、２０１７年には「日本でいちばん大切にしたい会社」大賞（人を大切にする経営学会）の審査委員会特別賞を受賞、地域未来牽引企業（経済産業省）に選定され、２０１８年には第1回スマートファクトリーＡＷＡＲＤ（日刊工業新聞社・モノづくり日本会議主催）を受賞した。

今後も、地域の人材が生きがいを感じて働ける雇用を維持できる「もの作り」を目指す意向である。

事例13　中川株式会社[8]

－IT経営の高度化で地域社会への貢献と伝統文化の継承を目指す－

所在地　東京都台東区　　　　設　立　1950年（創業1910年）
資本金　3,000万円　　　　　従業員　26名（2019年7月時点）
事業内容　祭り用品の小売（オンライン販売を含む）。一部で製造小売（SPA）も行う。

1．沿革

当社は、「浅草中屋」を登録商標とし、100年を超える業歴を誇る祭り用品専門の小売店である。1910年に創業し、1950年に法人化。1970年に、本社ビルを竣工しその1階で「浅草中屋」本店として営業を開始。加えて、1991年に開始したカタログによる通信販売を現在はオンライン販売に発展させ力を入れている。

2．事業の概要

当社は、上記のように有人店舗とオンラインショップで、袢天、鯉口シャツ、股引といった各種の祭り用品、祭りに関連する商品を販売している。日本全国の百貨店の催事に出店することによって販路を全国に広げてきた。また、浅草神社、神田神社、伊勢神宮など、全国の主要な神社も取引先となっている。
近年は、製造小売（ＳＰＡ）によって自社ブランド製品も展開している。加えて、一部の祭り用品についてオーダーメードもできるオンラインショップの運営に加えて、基幹システムとＰＯＳを統合し、売れ筋商品の迅速な把握によって、品揃えを柔軟に調整している。また、地元の祭事・老舗に関する情報発信を通じて実店舗への誘客を促進するというマーケティング戦略にもＩＴを用いており、経済産業省の「中小企業ＩＴ経営力大賞」で審査員会奨励賞を受賞（２００９年度）し、２０１５年には「攻めのＩＴ経営中小企業百選」にも選定された。

3．ＣＳＲの原点となる社是・社訓・経営理念について
当社には以下の社訓があり、ホームページで公表している。

【社訓】
①『商いは飽きない』
①『お客さまの顔が見える商い』
②『日本伝統文化の継承』

①「商いは飽きない」は、商いは飽きずに続けなければならないということを、②「お客様の顔が見える商い」は顧客志向・顧客満足の重要性を説いたものであり、創業者から受け継がれて

きた。一方、③「日本伝統文化の継承」は、顧客に対する責任感を社内に醸成するために加えた。当社にとって根本的な経営理念であるこの３つの社訓は、年頭所感、朝礼などで、社内に繰り返し周知・徹底している。また、新規の取引先には、必ず、社長が先方の経営者に社訓を説明している。また、社訓に加えて、『お客さまの目線に立った商品陳列』と『地球環境に優しい店舗』をスローガンに本店の店内改装を行っている。

ここから当社のＣＳＲ観を窺うと、顧客満足に向けた弛まない努力によって、「祭り」という日本全国に所在する地域の伝統文化の継承に貢献することによって、自社と従業員の生活を維持・発展させることである。地域経済の疲弊が顕著であるため、顧客である神社の所在する地域の経済活性化への貢献が、当社の本業である祭用品の小売を維持・発展させるためにとても重要であると考えている。

なお、社長は、地域社会への貢献活動の一環として、東京商工会議所（以下、「東商」）の活動にも積極的に参画している。

４．ＣＳＲの取り組み

（１）法令遵守

法令遵守については、非常に重視している。当社はオンラインショップによる販売、商品の委託生産等を行っていることから、ＰＬ法、特定商取引法、個人情報保護法、下請代金支払遅延防止法等、遵守しなければならない法律が多岐にわたっている。そこで、各業務の分野・部署毎に担当社員を決めて、顧問の弁護士、社会保険労務士、税理士等と連携する体制を構築している。人材など、経営資源が必ずしも十分でない中小企業にとっては、こうした体制が法令遵守の実効性確保に寄与するとみている。

さらに、サプライチェーン全体のコンプライアンスが今後重要性を増す可能性があるため、製造を委託している海外企業には労働者に児童がいないことを確認している。

（2）環境保護

社長は、東商でのＩＴ経営に関する活動への参加を通じて環境保護への関心も高め、積極的に取り組んでいる。具体的には、２０１０年から省エネ型事業所の模索を始め、サーバー等の電子機器のクラウド化や外部への移管（ＡＳＰ化）を実施した。また、台東区の無料省エネ診断と省エネ機器の導入費用の助成（費用の20％）を受け、店舗、事務所、倉庫の照明をＬＥＤ化した。これらの効果で、電気料金換算で約25％の電力の削減を達成し、CO_2の排出とともに経費も削減した。さらに、社内だけでなく、委託生産先や仕入先に生産効率向上、省エネルギーの指導も行っており、一種の環境調達であると考えている。

（3）地域社会への貢献

①全国的な社会貢献活動

２０１１年3月11日の東日本大震災時には、救援物資として、当社のさらし、タオル等の在庫を取引関係のある地元下谷神社の宮司（阪神・淡路大震災の際に支援物資輸送のノウハウを蓄積していた）のネットワークを通じて、東京神社庁から宮城神社庁に向かうトラックの便に混載して送った。社長は副会長を務めていた東商台東支部の幹部と相談し、メールとファックスで、支部会員に寄付を募った。すると、タオルやＬＥＤ灯、衣類、歯ブラシ、試供品用の化粧品等、約20トンの物資が寄付された。これらは、主に各社の手持在庫であったため、神社庁のネットワーク経由で被災地に迅速に送ることができた。

また、祭りという伝統文化の継承への貢献の方法も多様化している。地方の町村が文化財（神輿など）の修理・維持費用の助成を文化庁へ申請する際に、その代行も行うほか、神社が祭りの情報を発信するために、そのＩＴ化を支援しており、全国で１００に及ぶ神社を支援している。

加えて、「いい祭りニッポン」というＷｅｂを運営し全国各地の祭りを月別・地域別に紹介している。「オススメのお祭り」を紹介することによって観光客の誘致に協力し、開催される地域の活性化にも貢献している。

さらに、祭りによる地域社会の活性化に貢献するビジネスとして、神社の例大祭や町内会の祭りの行事運営を支援するサービスの構築に取り組んでいる（図表Ⅲ－４）。具体的には、誂え品である袢天等の祭用品にＩＣタグを内蔵することによって用品の貸出管理（参加者への貸出と回収後のクリーニング）を効率化することを主軸として、クラウドコンピューティングを活用して販売先の神社・町内会が行事（例大祭等）の案内、参加者（氏子・町内会員）の管理、物品販売、

（図表Ⅲ－４）祭り用品（袢纏等）のICタグ管理を通じた地域活性化スキーム

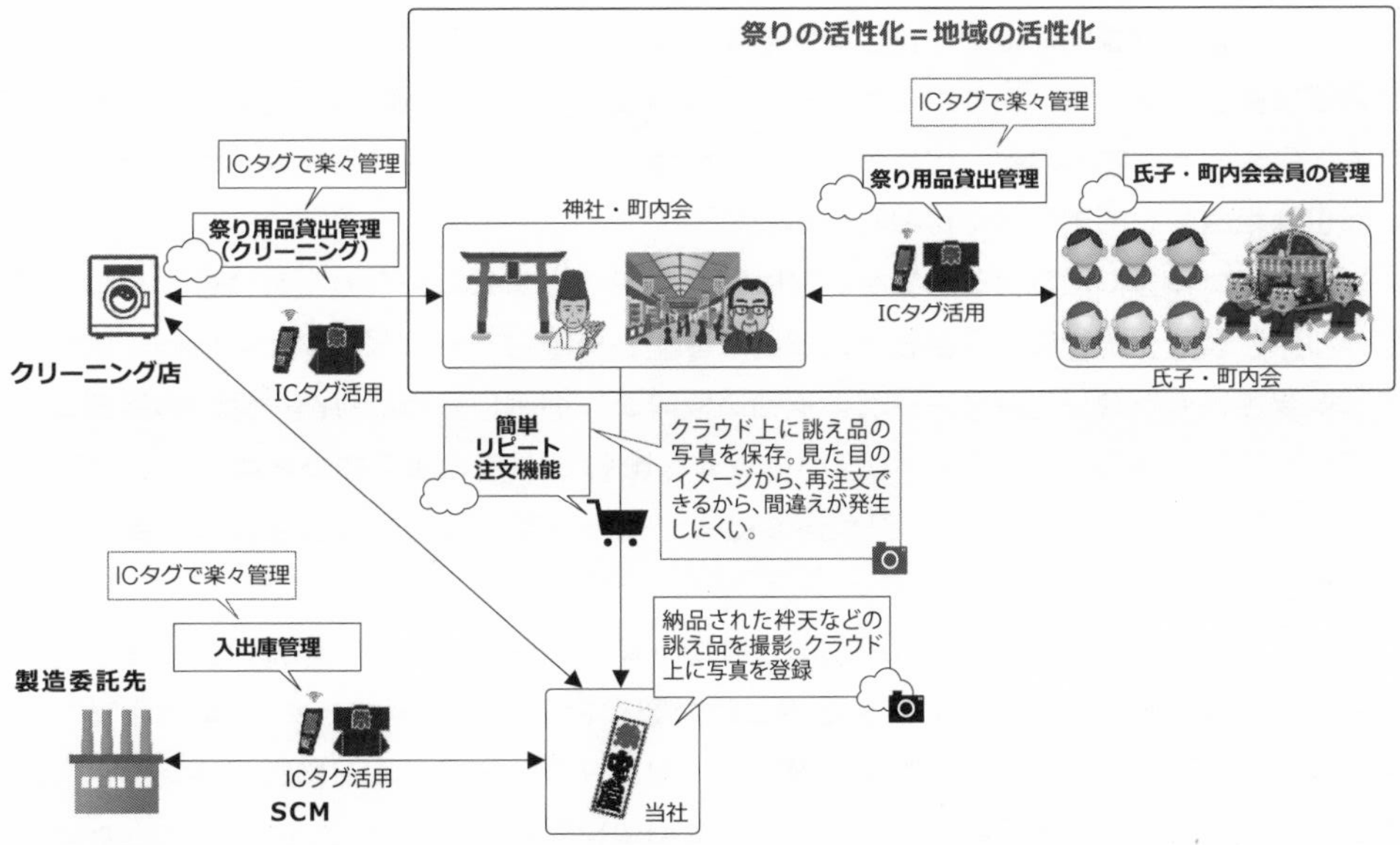

（資料）当社作成。

協力感謝状発行などを包括的に支援するシステムの構築を進めている。このシステムは、もともと自社の生産性向上を目的としてＩｏＴ技術を用いてサプライチェーンマネジメント（ＳＣＭ）を高度化することを目的として構想していた。その過程で、殆どの神社・町内会が紙ベースのアナログな管理を行っており、人員不足に悩まされ、様々な社会課題に取り組む時間的余力を確保することに苦労している現状を見て、システムをバリューチェーン全体に拡張することで、顧客である神社や町内会にも「祭事運営の生産性向上」というソリューションを提供できるのではないかと考えた。

このシステムの開発には東京都の経営革新支援の補助金を活用し、既にスタンドアローンの機器（屋外での使用に耐える米軍仕様のモバイルＰＣとハンディスキャナー）による実証実験を都内で実施済みであり、２０１９年内を目途に全国で運用を開始すべく準備を進めている。本格運用では、行事の開催時に当社が顧客に機器類を有料で貸し出し、行事終了後に回収した機器類に記録されたＩＣタグのデータを誂え品の写真とともに当社がクラウド上に保管し、翌年のリピート注文等に備えてタグのデータ等を整理・分析する予定である。このサービスによって祭り用品の製造小売だけでなく、社会課題に対するソリューションの提供にもビジネスを拡張し、企業ブランドの価値を高めたいと考えている。なお、多くの個人情報を取り扱うことになるため、プライバシーマークの取得にも現在取り組んでいる。

②地元での社会貢献活動

地元での社会貢献活動にも積極的に取り組んでいる。例えば、三社祭では神輿の位置情報を観光客の携帯電話などに向けて発信し、祭りの運営に協力している。また、「江戸東京人セミナー2・0」というWebラジオで、東京の下町の知識・文化・祭り等に関するレアな情報を配信している。

こうした情報の発信によって、観光客・顧客・リスナー等の東京の下町と祭りに対する関心・興味を喚起することで、賑わいの創出を通じた地域経済の振興、伝統文化の継承にも寄与している。

また、東日本大震災の時には店舗外に宣伝用に設置している大型ディスプレーでテレビニュースを映し、観光客の情報収集の一助となった経験から、非常時に観光客を支援するため、災害対応自動販売機（災害時に無料で清涼飲料水が提供される自動販売機）も設置した。

③商工会議所での活動

ITの経営への活用に関する最新の事例等が地域の中小企業に広く浸透することを企図して、中小企業IT経営力大賞の審査を担当した識者を東商台東支部が主催した「IT活用セミナー」に招聘し、受賞企業・応募企業の特徴、中小企業のIT化の留意点に関する講演会とパネル・ディスカッションを行った。

近年は、東商本所の生産性向上委員会に所属し、他の委員とともにITを活用した事例集の作成などに取り組んでいる。これは東商会員をはじめとする中小企業の生産性向上に貢献することが、当社にとってのCSRであると考えているからである。

5．当社の経営・CSRに対する理解・評価

CSRの推進には、税制優遇・補助金の交付、資金調達の円滑化といった経済的支援は重要である。例えば、事業所内照明をLED化した際には費用の20％助成が決定要因となった。ICタグ付きの祭用品の管理システムの開発にも補助金が役立った。また、表彰も大切である。「中小企業IT経営力大賞」の受賞によって、社員は会社を誇りに思い、本業へも前向きに取り組むなど、プラスの影響がある。

（3）中小企業はどのような公的支援がCSR・SDGsに必要と考えているのか

以上のように、行政・公的機関は、中小企業がCSR・SDGsに取り組むための支援を行っている。具体的には、中小企業が無理なく省エネルギーを実践することを可能にするインフラの整備（事例10）やCSRに関する啓発と能力形成に資する認定・表彰制度、及び経済的支援（補助金や公共事業の受注機会の増加等）[9]である（事例10、11）。これらは中小企業に不足している経営資源を補完するものであり、積極的な活用が望まれる。実際、ケーススタディの中小企業をみると、公的機関による支援を活かして環境保護に取り組んでいる。中小企業にとって、こうし

た公的支援はコストダウンを通じた経営効率の維持・向上に役立っており、環境保護以外のＣＳＲに取り組む余力の確保にも寄与している（**事例12、13**）。もっとも公的支援を行う行政や公的機関にも財政やマンパワーといった制約があることに留意する必要がある。

そこで、関東経済産業局等が調査した「ＳＤＧｓ推進を後押しするために有効な支援策」を基にして（**図表Ⅲ－5**）、一般的な中小企業がＣＳＲ・ＳＤＧｓへの取り組みにどのような支援策を求めているのかを見てみる。

上位には、経済的支援（直接金融支援、補助金、間接金融支援）とビジネスを側面的に支援する取り組み（ビジネスマッチング、お墨付き・認定、ＰＲ・情報発信支援）が挙げられている。資金を中心として経営資源が不足している個々の中小企業にとっては、ＣＳＲ・ＳＤＧｓへの取り組みと企業としての生き残りを両立する必要性から、こうした意識を示しているものと考えられる。一方、能力形成に寄与するセミナー・シンポジウムは比率が一桁に止まっている。これは、前掲図表序－3、9にもみられるように、一般的な中小企業では、ＣＳＲ・ＳＤＧｓに関する国内外の情勢の認識があまり重視されていないことを窺わせている。その背景には、外来語である「ＣＳＲ」あるいは「ＳＤＧｓ」を知らなくても、地域に密着したイシューでＣＳＲ・ＳＤＧｓに該当する取り組みを行っていることがあると思われる。この結果、例えば、持続可能な調達の広がりのようなＣＳＲ・ＳＤＧｓに関連する国内外の情勢変化が自社に及ぼす影響に対する関心が低いものと推測される。こうした状況は改善を要するため、マルチステークホルダー・アプロー

（図表Ⅲ－５）SDGs推進を後押しするために有効な支援策（n=500、複数回答：%）

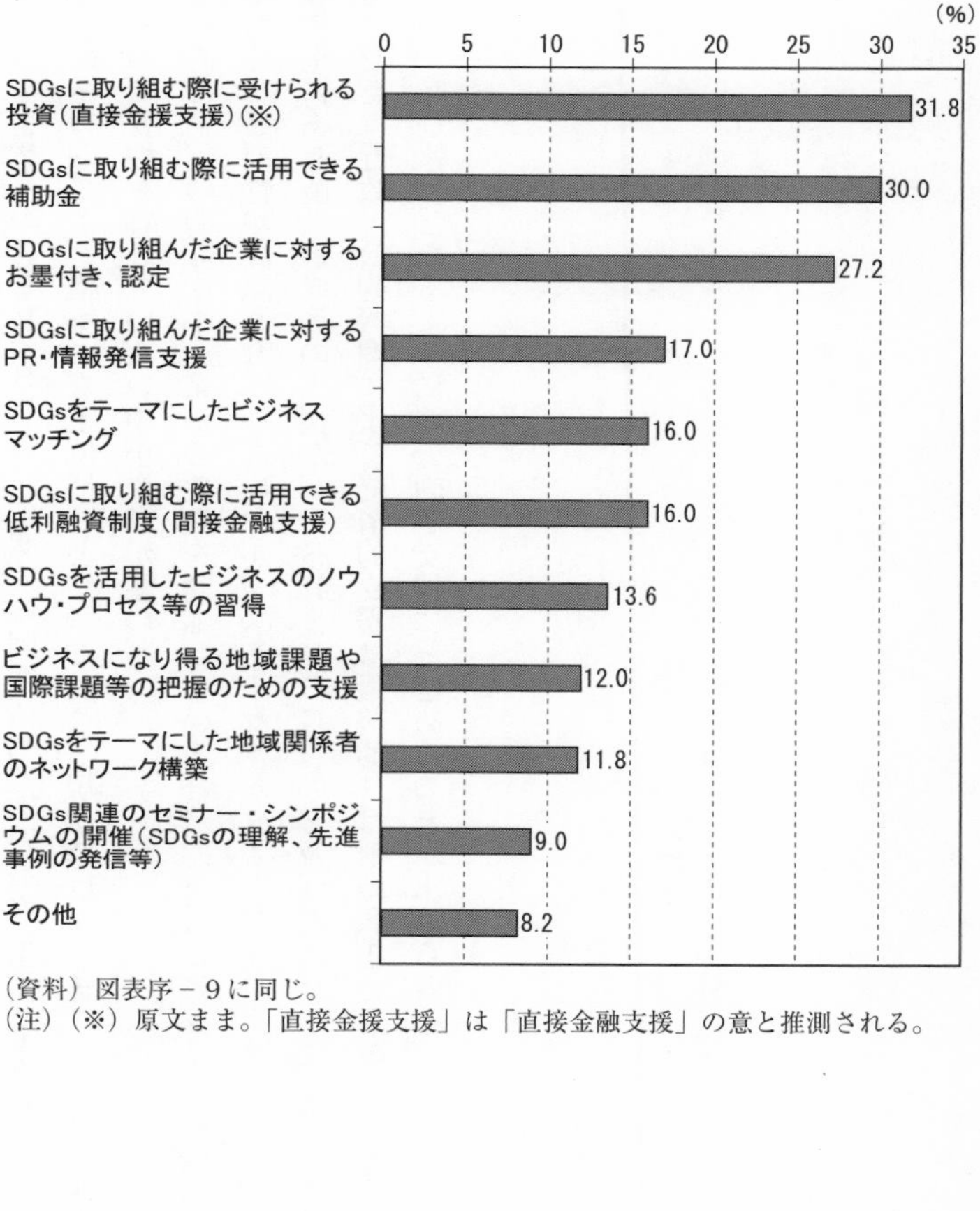

（資料）図表序－９に同じ。
（注）（※）原文まま。「直接金援支援」は「直接金融支援」の意と推測される。

チによる中小企業へのＣＳＲ・ＳＤＧｓに関する周知活動・能力形成が重要である。しかし、「地域関係者のネットワーク構築」も下位にとどまっており、現状ではマルチステークホルダー・アプローチの必要性を感じていない中小企業が多い。

以上からは、一般的な中小企業が必要性を認識している経済的支援とビジネスの側面的な支援だけでなく、必要性が認識されていないマルチステークホルダー・アプローチでの周知活動とその延長線上にある能力形成等の支援が、ＣＳＲ・ＳＤＧｓの普及促進にとって必要であることが分かる。ただ、行政・公的機関による経済的支援は最終的には財政負担となるため、中小企業にとっての「呼び水」となるように部分的な支援にとどめることが求められる。

❷ 様々な類型のステークホルダーの支援

「ネットワークの構築」を推進すべき「地域関係者」としては、多様なステークホルダーが考えられる。そこで、非営利組織（**事例14、15**）、労働組合（**事例16**）が行うＣＳＲ・ＳＤＧｓへの支援のあり方を概観する。[10] 加えて、中小企業と関連の深いステークホルダーに期待される役割についても論じる。

（１）非営利組織

事例14　吉田正博氏（一般社団法人永続的成長企業ネットワーク代表理事）[11]
―地域を愛し地域に愛される「永続企業」の増加を目指す非営利組織―

1．永続的成長企業ネットワーク創設の端緒

永続的成長企業ネットワーク（以下、ネットワーク）は、横浜市を定年退職後、２０１２年に設立した。経済行政に長年にわたって携わる過程で、地域の視点でみると、企業を、「規模」の軸と「販売活動の範囲がローカルかグローバルか」の軸で分類するべきと考えるようになった（図表Ⅲ－６）。これは、この２つの軸が経営のありように影響を及ぼすからである。

私は、グローバルに活動する（主にものづくり関連の）中小規模の企業を『中小企業』、活動範囲が域内にとどまる規模の小さい企業を『地域企業』と呼んでいる。

企業の大宗を占める『中小企業』・『地域企業』には、地域貢献、つまり「地域志向のCSR（地域CSR）」によって、地域と共存し長期的・持続的に成長・発展してほしい。この結果、社歴が積み重なり、地域貢献企業（社歴：20～50年）、永続的成長企業（同：50～100年）を経て、最終的に永続企業（同：100年超）へと発展することが望まれる。

そのためには、各成長発展段階の企業を適切な主体が支援する必要がある。私は横浜市と公益財団法人横浜企業経営支援財団で「横浜型地域貢献企業支援制度」に関与した経験も活かして、民間を含む多様な支援主体の連携を通じて、行政だけ

（図表Ⅲ－6）地域の視点での企業の分類

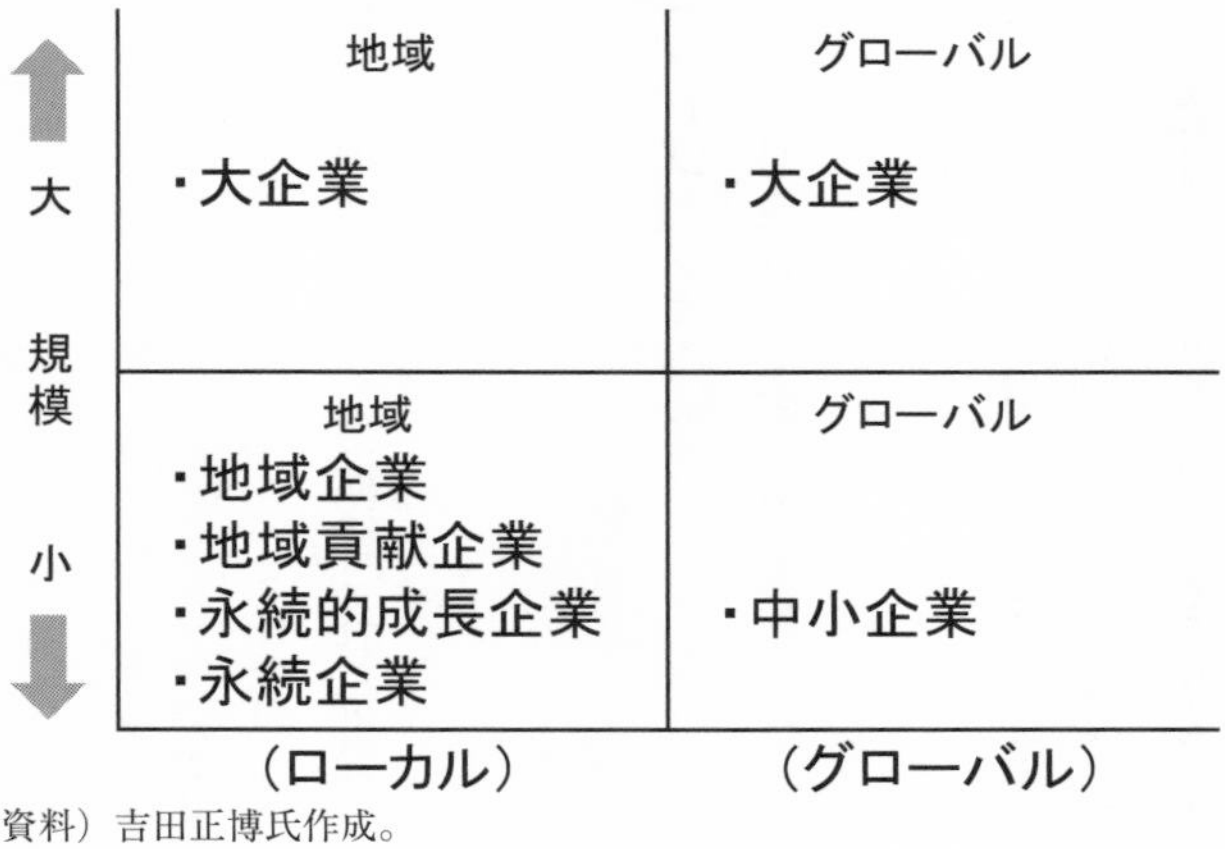

（資料）吉田正博氏作成。

では難しい有機的な支援体制を構築したいと考えている。ネットワークの目的は、企業、行政並びに大学等と連携して、『中小企業』・『地域企業』が、永続的成長企業を経て永続企業を目指すことで、横浜を中心とした地域経済活性化に寄与することである。具体的には、先ず横浜市の企業100社が「永続的成長企業」を経て「永続企業」へと進化し、そうした発展段階の進んだ会員企業から他の会員へグッドプラクティスが伝播することにより連続的に永続企業を輩出するエコシステムを構築するためのプラットフォームとなりたいと考えている。

2. 地域CSRを推進するための活動内容

ネットワーク起ち上げ時に「横浜型地域貢献企業」の認定企業を中心として約30社に会員となってもらい、当初3年間は地域CSRによる経営の高度化のための「経営塾」（集合セミナー）を行っていた。しかし、認定企業といえども、CSRに対する理解度・姿勢に濃淡があるため、「ワンサイズ・フィットオール」型の講義では当方の意図を正確に伝えることは難しいと感じた。そこで、近年は日常的に電子メールやSNSで情報を発信するとともに、経営学の研究者と私が数ヵ月ごとに会員企業を訪問して、フェース・ツー・フェースで永続的成長企業、永続企業を目指すための地域CSRについて助言する体制を採っている。現在は、規模や業種、あるいは経営者の理念等に応じて、『地域企業』・『中小企業』の地域CSRに対する支援の方策を細分化する必要があると考えている。

３．『中小企業』・『地域企業』による地域ＣＳＲに対する認識

大企業が構築しているシステマティックなＣＳＲをコンサルタント会社等が主導して『中小企業』・『地域企業』に移植することには違和感がある。これは、コンサルタント等が企業経営の高度化や地域と企業の永続性について十分な配慮を払っているかどうかが見えにくいからである。

多くの『地域企業』・『中小企業』が、地域貢献企業、永続的成長企業、永続企業へと成長・発展してもらいたい。企業が地域を愛し地域に愛され、永続企業へと成長するためには、地域への貢献が求められる。その際、企業が地域の様々なステークホルダーと単線的に「Ｗｉｎ－Ｗｉｎ」の関係を構築するのではなく、企業を含む全てのステークホルダーが相互に便益を得ることができる「Ａｌｌ－Ｗｉｎ」の網の目のような関係を構築できるように地域ＣＳＲに取り組み、経営を高度化することが重要である。

ただし、グローバルに活動する『中小企業』や大企業のサプライチェーンに属している『中小企業』は、ＩＳＯ２０４００等の持続可能な調達の潮流もあり、大企業版のＣＳＲに歩調を合わせることが求められることは確かだろう。

４．地域ＣＳＲの普及の展望

規模の小さい『地域企業』にとっては、ＣＳＲという外来語は敷居が高く拒絶反応を招きやす

い。しかし、そうした企業もリサイクルや地域での清掃、あるいは祭事への寄付などの地道な活動で、地域で環境保護と社会に貢献している。これは地域ＣＳＲそのものである。このような活動も社会が正当に評価する仕組みが必要であり、この役割は地域の実情を理解している自治体・行政が担うべきである。この一つが「横浜型地域貢献企業支援制度」であり、行政等のトップダウンではなく、「地域への愛」を基礎として『中小企業』・『地域企業』にも理解しやすい用語でボトムアップの地域ＣＳＲを盛り上げる仕組みとして創設された。制度の趣旨は、認定企業に付与されている各種の支援措置や経済的インセンティブも利用して、企業が地域ＣＳＲを通じて地域の課題を解決することである。これによって、地域内で経済が自律的に循環し、認定企業だけでなく、地域の全てのステークホルダーが便益を得るＡｌｌ－Ｗｉｎの社会・経済を実現することが究極的な目標である。

なお、『地域企業』・『中小企業』に地域ＣＳＲを一段と普及させるためには、経営者が信頼を寄せている税理士や社会保険労務士（以下、社労士）が地域ＣＳＲに対する感度を高めて、顧問先の企業に「気づき」をもたらすことが重要と考えている。地域ＣＳＲの重要性への「気づき」を促す好機は事業承継によって経営者が代替わりする時である。それは、多くの後継者が先代の経営をベースにしながらも、新しいアントレプレナーシップを発揮しないと会社の成長が難しいと考えているからである。アントレプレナーシップ発揮の方向として地域ＣＳＲによる経営の高度化が有効であり、地域貢献企業、永続的成長企業、さらには永続企業への成長・発展のきっかけとなる。

今後、行政、ＮＰＯ等の非営利法人、税理士、社労士が連携・協働して『中小企業』・『地域企業』を支援し、地域ＣＳＲを盛り上げる仕組みを構築することが課題となる。こうした連携の推進役として、ネットワークで活動していきたい。

事例15　マテックス株式会社（エコ窓普及促進会、一般社団法人ロングライフ・ラボ[12]）
―「卸の精神」と非営利組織を通じてSDGsへの貢献を目指す―

所在地　東京都豊島区　　　　設立　１９４９年（創業１９２８年）
資本金　１億４、１１５・５万円　　従業員　２６５名（２０１９年４月現在）
事業内容　①板ガラス・サッシ卸売、②ペアガラス製造、③製品加工（サッシ等）

１．沿革

窓とガラスを扱う老舗専門商社。現社長の祖父が１９２８年に創業、１９６９年に父である先代社長が就任。１９９６年に仕入先の販社を吸収合併、マテックス㈱と商号変更。２００９年に現社長が就任。

２．事業の概要

当社は、窓（建築用板ガラス、住宅サッシ、ビル用サッシ）を中心とし、鏡、エクステリア、住宅設備機器、店舗装飾資材、樹脂建材等の卸売を営んでいる。「窓」は個別性が高く、仕様の変更が必要なケースが多いため、設計施工、ペアガラスの製造、ガラスの切断加工、中低層ビル用サッシの製作も行っている。販売先は板ガラス・サッシ・建具の販売店及び建設会社、仕入先は大手硝子・建材メーカー等である。

3．ＣＳＲの原点となる社是・社訓・経営理念について（図表Ⅲ－7）

（1） 経営理念の策定とステークホルダーへの発信・周知

明文化された経営理念がなかったため、現社長（以後は、単に「社長」と記す）は当社の存在意義を再定義する必要性を痛感し、役員・幹部社員に歴代社長の発言を聴取した。この結果、コア・コンピタンスや企業文化が幹部間で共有されていることが確認できた。これを咀嚼し、経済・社会環境の変化も踏まえて「経営理念」を明文化し、公開している。加えて、「コア・パーパス（存在意義）」と「コア・バリュー（マテックスらしさ・価値観）」を制定しＷｅｂで公開することによって、社内外のステークホルダーに経営理念に込めた信念を発信している。「コア・パーパス」は社外のステークホルダーに向けたものであり、「地域事業者と共創し、生活者の豊かな住まいづくりのソリューション（解決策）をお届けする」ことを宣言している。一方、「コア・バリュー」は主に社内のステークホルダーである従業員に向けての10項目で構成される当社ならではの価値観[13]である。社内に経営理念とコア・バリュー等を浸透させるために、「経営理念浸透カフェ」という集会を開催している。春と秋、各事業所で定時に業務を終了し、従業員を集め、ソフトドリンク等を飲食しながら、社長が経営理念・ＣＳＲについて説明している。この他にも、あらゆる機会を捉えて経営理念とＣＳＲについて繰り返し訴えている。

（図表Ⅲ－7）マテックスの事業と経営理念の概念図

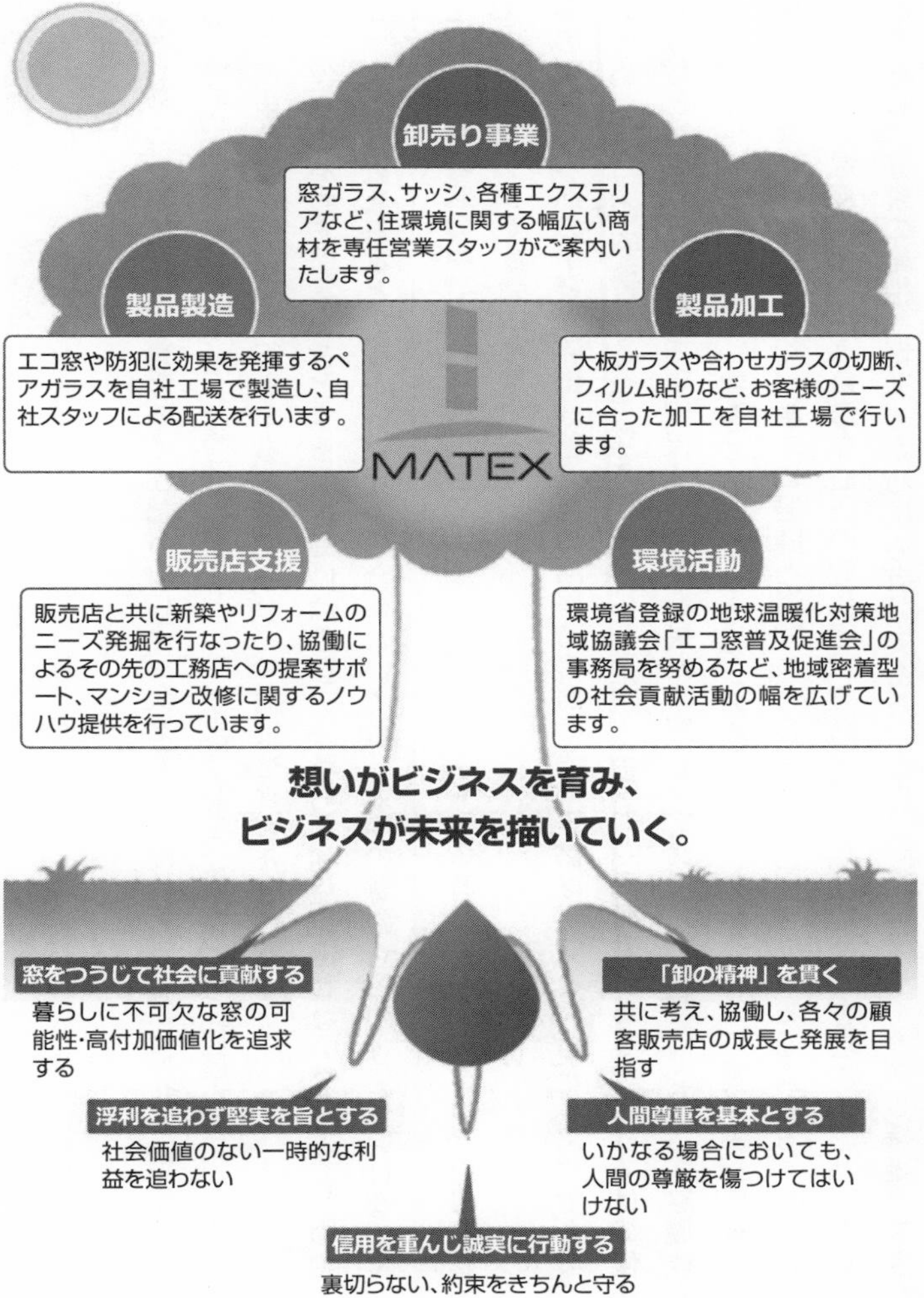

（出所）当社Web

(2) 経営理念とその背景

【経営理念】
(a) 窓をつうじて社会に貢献する〜暮らしに不可欠な窓の可能性・高付加価値化を追求する〜
(b) 「卸の精神」を貫く〜共に考え、協働し、各々の顧客販売店の成長と発展を目指す〜
(c) 信用を重んじ誠実に行動する〜裏切らない、約束をきちんと守る〜
(d) 浮利を追わず堅実を旨とする〜社会価値のない一時的な利益を追わない(=本業徹底)〜
(e) 人間尊重を基本とする〜いかなる場合においても、人間の尊厳を傷つけてはいけない〜

上記の経営理念の中で、独特の項目である(a)から(c)の背景は以下のようなものである。

(a) 窓をつうじて社会に貢献する

冬の暖房時の熱の主要な流出経路、夏の冷房時の熱の流入経路は、ほとんどが「窓」である。このため、「窓」の断熱性・気密性を高めることが省エネにとって有効である。当社では、快適な暮らしと省エネを実現して環境保全の役割を果たす窓を、「エコ窓」と呼んでおり、「高機能ガラス・サッシによるもの」、「窓を二重にするもの(内窓)」などがある。エコ窓は第一に省エネの費用対効果が非常に大きく、第二に居間と浴室などの温度差を小さくする効果もあるのでヒートショック(温度変化に伴う急激な血圧の変化で、心筋梗塞や脳梗塞などを起こすこと)の防止にも寄与し、健康の維持・増進のためにも有効である。「エコ窓」にフォーカスし持続可能性を軸にした事業展開が地球環境の保護にも、販売先の活性化を通じた地域社会への貢献にも意義があると当社は考えている。

（b）『卸の精神』を貫く・（c）信用を重んじ誠実に行動する

当社が属している業界は、卸売業者、メーカー、地場の販売店、工務店等の専門の異なる企業が各々の機能を発揮して共存共栄できる環境を形成しており、「生態系」に例えることができる。しかし、バブル崩壊後競争が激化し、中抜き等により地場の販売店等にとって仕入先が突然競合先になるという事態が頻発した。このため、業界の「生態系」が脆弱化し、地場販売店、工務店が疲弊した。窓は個別性が強いため、品質軽視の価格競争に陥りがちな中抜きはエンドユーザーのニーズに合致した納期や品質（断熱性・気密性についてのカタログ上の性能）を満たさず、結果的にエンドユーザーにとって割高になることも珍しくない。これに対して、販売先との競合を避け誠実に商流を守ることを信義として、業界の「生態系」の回復と地域社会の活性化に貢献することが、メーカーと販売店の中間に位置する「卸の精神」であると当社は考えている。このため、当社は品揃え、迅速な対応・情報提供を通じて、適正な断熱性・気密性を備えた住宅の重要性に対する高い認識を持つ地場の販売店・工務店の輩出とその健全な競争・発展をサポートしている。

4. CSR・SDGsの取り組み

（1）環境保護

①「エコ窓普及促進会」の支援

「エコ窓普及促進会」は環境省登録の地球温暖化対策地域協議会（法人格のない任意団体）であり、設立以来、当社に事務局を設置し運営を支援している。促進会の目的は、窓の高性能化がCO_2の排出抑制に有効であることを一般ユーザーと施工業者に周知し、「エコ窓」の普及を促進し、地球環境保護に貢献することである。そのために、地域のイベントへの参加を通じたPR等の活動を行っている。

②社内での取り組み

２００９年に本社にエコ窓を導入し、エネルギー効率やCO_2削減を考慮して照明設備を見直し、その後営業所のリフォームも順次行った。３R活動（リデュース・リユース・リサイクル）についても、環境への負荷やコストの削減を考慮して積極的に取り組んでいる。また、社員への環境教育とエコアクション21の認証取得（２０１０年）によって、社内で環境保護の取り組みが自律的に展開される仕組みを整備している。

③環境保護に関連する社会貢献活動

環境問題とその対策への理解促進に資する社会貢献活動にも取り組んでいる。地域のNPOと協働で行う植樹や低炭素社会戦略センターの小学6年生向け教材「低炭素社会をつくるために」

（２０１２年４月公開）の制作に協力している。また、ＮＰＯと地元の自治体が定期的に共催する社会貢献に関するイベントのパネルディスカッションで省エネ効果が高いエコ窓の意義に関して発言し聴衆の理解を促すなど、さまざまな取り組みを地道に行っている。

（２）地域社会への貢献

①本業を通じた地域社会の活性化

ガラス販売店支援のプロジェクトとして、エコ窓の地球環境に対する意義やエリアマーケティングのノウハウ提供などの経営支援を行っている。具体的には、販売店の若手後継者と共同で次世代経営者の会を起ち上げ、当社社長を講師とするセミナーを行っており、２００６年９月から２０１８年11月までに開催回数は４２８回、参加者数は４、１１３名に達している。

また、２０１９年４月に一般社団法人ロングライフ・ラボを設立した。その目的は、「人、コミュニティー、地球環境が、健全な状態を維持していくための情報提供などを行うこと」である。具体的には、持続可能な社会形成を図るために、セミナー・講演会等を通じて工務店と生活者に対して省エネ機能に優れた住宅を通じた地球環境保護と健康の維持・増進のための情報を発信することである。この取り組みは、懇意にしている住宅施工会社幹部とともに3年ほど前から行っていたが、２０１９年度より、新たに建築設計士・医師の2人を理事として迎え、法人化して活動を一段と拡大したいと考えている。[14] 非営利組織とすることにより工務店と生活者にビジネス目的ではないことを周知し活動に対する信頼を得ることを企図している。

②東日本大震災の被災地支援

東日本大震災の被災地の復興支援のために、当社（と販売先および仕入先の）グループは「ＥｃｏＭａｄｏ Ａｉｄ」というプロジェクトを立ち上げ、特定の条件に合致するガラスの交換・内窓の設置・外窓の交換の販売額の一定割合を被災地支援のために寄付している（２０１８年９月までで２,６４３万円を寄付）。近年は現地のＮＰＯと連携して、空き家をリフォームし、そのＮＰＯをはじめ、地域住民向けコワーキング・スペース等の活動拠点の整備を行っている。

③学生の職業観醸成の支援

２０１０年には、「社会貢献と仕事のモチベーション」をテーマとする就職活動前の学生向けのシンポジウムに社長がパネリストとして参加し、「仕事のやりがい」とは結局「社会への貢献」であることを伝えた。その後、インターンシップに積極的に取り組んでおり、これまでに３００人近くのインターンを受け入れ、社会貢献とＣＳＲについての「思い」を話している。

（３）ＳＤＧｓを軸とする従業員の育成

社員の知識・スキルの向上にとどまらず、ＥＳ（従業員満足）と全人格的な成長を促進するために、社内の教育体系として「マテックス・カレッジ」を制度化した。この制度には、従業員の年次等に応じて必要な知識・スキルを段階的に教育することと、当社の経営理念、コア・バリュー等とＣＳＲに対する意識づけを常に行うことも含まれている。このような仕組みで意義のある仕事と尊敬できる先輩と交流することにより、従業員が満足感と誇りを持ちながら定年まで働くことができる企業風土を定着させたい。ＳＤＧｓの目標８に掲げられているディーセント・ワーク（働きがいのある人間らしい仕事）を通じた「『終身雇用』の再定義」につながると考えている。言い換えると、従来の日本企業で見られた滅私奉公の対価としての終身雇用ではなく、自己実現と社会貢献を両立する新時代の終身雇用を目指すということである。

この一環として現在、従業員を対象として当社あるいは自分の業務とＳＤＧｓをどのように位置づけるかについての勉強会を行っている。エコ窓を始めとする当社のビジネスはダイレクトに目標３、７、８、11、12、13の実現に寄与するものであるが、エコ窓の普及促進でCO^2の排出が減少すると海水へのCO^2の吸収が抑制され間接的に目標14にも貢献することができる。従業員には短期的な利益だけでなく、ＳＤＧｓという、より長期的で大きな目標に視野を広げて仕事に取り組み、自身の人格的成長を成し遂げてほしいと考えている。

６．当社の経営・ＣＳＲに対する評価

当社の取り組みが評価され、２０１０年に日本財団が設立した「ＣＡＮＰＡＮ　ＣＳＲ大賞」で特別賞を受賞した。また、２０１２年には、一般社団法人地球温暖化防止全国ネットが事務局を務める「低炭素杯２０１２」で最優秀家庭エコ活動賞を受賞した。さらに、２０１５年には、ガラス販売店が地域のリフォーム案件の元請となることに対する支援や生活者・地方自治体等、様々なステークホルダーとの協働を通じて、経済価値・社会的価値を追求する活動を展開してい

ることが評価され、経済産業省から「先進的なリフォーム事業者表彰」を受けた。

今後も、卸売事業者の立場から「人」「環境」「地域」のすべてが共存共栄できる「持続可能な社会」の確立に貢献する方針である。

（2）従業員の代表としての労働組合

事例16　熊谷謙一氏（日本ILO協議会・企画委員）[15]

－労働団体によるサプライチェーンへのCSRの普及の取り組み－

1．CSRに関する国際的動向

２０１０年にＩＳＯ２６０００が発行されＣＳＲについての国際的な考え方が定着した。これにより、２０００年代初頭以降のＣＳＲに関する様々な潮流が２０１０年代に収斂し方向感が揃ってきた。２０１５年には、国連でＳＤＧｓが採択され、ＣＯＰ21（国連気候変動枠組条約第21回締約国会議）でパリ協定が成立したことでＣＳＲに関する当面の数値的目標等が示された。これらにより、以下のような点が今後の課題と考えられている。

①ＣＳＲをその本来のコンセプトと内容に基づき適切に普及すること
②特に、ＣＳＲを内外の中小企業に普及すること
③サプライチェーンを構成する企業でのＣＳＲの普及・浸透
④企業がＳＤＧｓのゴールをＣＳＲと適切に関連付けること
⑤産業や生産の変化（第４次産業革命の基礎となるデジタル革命など）におけるＣＳＲの役割[16]
⑥先進国でのＣＳＲに関連する国内法の整備

これらはいずれも重要な課題であるが、特に、人権に関するＣＳＲが重要である。英国では現

代奴隷法（2015年）、フランスでは人権デュー・ディリジェンス法（2017年）が発効している。SDGsでも人権は他の多くの目標と関わりが深いため、日本にも今後影響が及ぶ可能性がある。大企業が人権分野のCSRを重視すると、そのサプライチェーンに属している企業も人権を中心とするCSRへの取り組みを強化する必要が生じる。

加えて、中小企業へのCSRの普及は依然として重要な課題である。ISO26000は認証を前提とする企業のみを対象としたCSRとしてではなく、組織の社会的責任（SR）に関する包括的な指針規格としてグローバルなコンセンサスを得たものである。そして、ISO26000作成の議論の時から、中小企業へのCSRの普及がISO26000にとっての最大の課題であると認識されており、現時点でもその状態に変化はない。こうした状況のなかで、「持続可能な調達」の国際規格であるISO20400が発行された。これは、購入者がサプライヤーのCSRを考慮して調達活動を行うための規格であり、大企業から1次サプライヤー、1次から2次、2次から3次というようにサプライチェーンの下流から上流に向かってCSRに取り組むインセンティブの伝播が企図されている。これによって、サプライチェーンの上流に属すことが多い中小企業はCSRに取り組むことが経営上の課題となるだろう。

2．CSRの中小企業への普及

規模の大小を問わず日本の企業の多くでは従業員は「人財」「宝」と考えられており、CSR

のイシューの一つである労働慣行の改善と親和的なメンタリティがある。しかし、長時間労働等、時代遅れな部分も残っており、世にいう働き方改革が必要である。その意味でも、労働慣行の基本原理の確認に役立つＩＳＯ２６０００の重要性が高まるだろう。

組織の社会的責任の国際規格であるＩＳＯ２６０００は、規模の大小を問わず組織が「労働慣行」を始めとする全てのイシューの達成を目指すための規格であるが、実質的には中小企業を意味する中小規模の組織（ＳＭＯ）には「時間軸」による対応も認められている。これは、制定の議論時に私たちのグループの主張が導入されたもので、ＳＭＯでは、ＩＳＯ２６０００に規定されているイシューに優先順位を設定し、時間をかけて全てに取り組むという考え方である。これを踏まえて、中小企業へのＣＳＲの普及に長期的に取り組む必要がある。

ただ、中小企業に無理なく普及するためには、（ａ）国・自治体がＣＳＲに関する「憲章」を制定するなど、企業の社会に対する責任の実現を促進するとともに、（ｂ）従業員に対する研修等を通じた企業内部でのＣＳＲについての能力形成や、（ｃ）能力形成に対する公的機関による助成、（ｄ）サプライチェーンの下流で中小企業から製品・サービスを購入する大手企業による支援が必要だろう。

３．中小企業のＣＳＲに対する労働組合の役割

ステークホルダーである従業員が中小企業のＣＳＲに関与する方法として、労使協議が重要と

考えている。労使協議には、中小企業が労働慣行の改善・高度化のために従業員と経営者が協力するための対話の場としての機能がある。従業員の代表としての労働組合がCSRに果たす役割として、連合（日本労働組合総連合会）は、2016年以降3年連続で「サプライチェーン全体で生み出した付加価値の適正分配」を春闘の方針として掲げている。これもあって、大企業の労働組合もサプライヤーである中小企業へのCSRの普及の必要性を認識するようになってきている。実際、UAゼンセン（全国繊維化学食品流通サービス一般労働組合同盟）やJAM（ものづくり産業労働組合）は傘下の中小企業の労組にもCSRに関する労使協議に取り組むよう指導している。

中小企業へのCSRの普及をさらに進めるためには、マルチステークホルダー・アプローチによる支援を高度化することが重要である。日本でも、近年大企業のCSR担当部署あるいは調達部署と中小企業の連携がかなり進んでいる。特に、グローバルに事業を展開している大企業は、サプライヤーが行うCSRに対するステークホルダーとしての関与（ステークホルダー・エンゲージメント）を強めている。中でも、アパレルやスポーツ用品の関連業界では国内外のサプライヤーに対するグローバルなエンゲージメントの体制を構築する企業が増えてきた。労働組合も、「サプライチェーン全体で生み出した付加価値の適正分配」を方針とすることで、こうした大企業と中小企業の連携に関与している。今後は、消費者団体との連携が労働組合にとって必要と考えられる。このように、従業員の代表である労働組合が結節点となり、中小企業にとって重要なステークホルダーである販売先（大企業や消費者）との多様な連携を構築することで、中小企業へのＣＳＲの普及を支援する必要があるだろう。

4.「持続可能な調達」の動向

現時点では、ＩＳＯ２６０００のような形でＩＳＯ２０４００に準拠している大企業はまだないと思われるが、国内外にまたがるサプライチェーンを有する企業では、ＩＳＯ２０４００に記されている精神を踏まえて「持続可能な調達」の体制構築に取り組んでいるケースが少なくない。

東京２０２０オリンピック・パラリンピック競技大会の「持続可能性に配慮した調達コード」の策定には、ＩＳＯ２６０００とＩＳＯ２０４００の作成に関係した識者も携わっているため、ＩＳＯ２０４００等の精神が色濃く反映されている。この背景には、ロンドンオリンピック・パラリンピックが初のＣＳＲ五輪として成功したことから、日本がＩＯＣ（国際オリンピック委員会）から東京大会に対してロンドンと同等以上の取り組みを求められていることがある。

海外では米国の紛争鉱物規制[17]等の影響もあり、「持続可能な調達」に対する意識が高まっており、特に欧州では持続可能性を考慮した公共調達への配慮が進んでいる。こうしたこともあり、日本では、２０２０年以降も展望すると、民間の大企業、そして国や都道府県レベルの調達に「持続可能な調達」を根付かせることが課題になるだろう。

5．今後の展望

日本では、今後、ソーシャルビジネス（社会的企業）の分野を広げる必要があるだろう。国際情勢をみると、欧米では企業によるＣＳＲと並んでソーシャルビジネスが活発に展開されている。これは社会貢献それ自体を事業化するもので、例えば、英国ではソーシャルビジネス・インターナショナル（Social Business International：ＳＢＩ）などの団体がＯＥＣＤやＩＬＯとも協力しながらソーシャルビジネスを支援している。

アジアでも、２００７年に、韓国で社会的企業育成法が施行された。同法は雇用創出を主な目的としているが、同時に、公的な認証を受けたソーシャルビジネス（認証社会的企業）への金銭面での支援制度が設けられた。そのため、多くのソーシャルビジネスが生まれている。しかし、ソウルでは大企業を母体として設立され公的支援を受けた認証社会的企業がその他のマイクロ規模のソーシャルビジネスを駆逐し問題となっている模様である。

いずれにしても、企業のＣＳＲとソーシャルビジネスが車の両輪となり社会の持続可能性を高めることが期待される。

なお、現在、いわゆる「ＣＳＲビジネス」の市場規模は70億ドルともいわれている。[18] しかし、それだけの費用がＣＳＲの推進にどれだけ現実に役立っているかについては懸念の声も強い。「ＣＳＲビジネス」の市場の拡大とともに、そのメリットが広く社会に共有されるためには、ソーシャルビジネスを含め、中小企業がＣＳＲをビジネスに埋め込む必要があり、そのためにはマルチステークホルダー・アプローチでの支援が一層重要になるだろう。

(3) 中小企業と関連の深いステークホルダー

今後、ＣＳＲ・ＳＤＧｓの中小企業への普及を促進するためには、中小企業との関連が深く、中小企業から信頼を得ているステークホルダーがより重要な役割を担う必要がある。以下では、先ず中小企業及び個人を構成員とする組合の取り組みを紹介し、その次にそれ以外のステークホルダーの役割について述べる。

①中小企業を構成員とする組合

ここでは、中小企業（個人自営業者を含む）及び個人を構成員とする２つの組合が行っているＳＤＧｓあるいはＣＳＲに該当する取り組みをみてみる。

先ず、協同組合松江流通センター（島根県松江市）が構築した組合、組合事務局、組合員（中小企業）という３層構造のＢＣＰ（事業継続計画）である。[19] 同組合が東日本大震災の翌月にＢＣＰの勉強会を実施したことを契機として組合員４社が県の事業を活用してＢＣＰの策定に着手し、組合員のみならず組合にもＢＣＰの必要性に対する認識が広まった。そこで、被災時に組合員のスムーズな事業再開を組合が側面的に支援することを目標として、青年部会を中心メンバーとする「組合ＢＣＰ策定ワーキンググループ」、ＢＣＰ未策定の地元企業を中心メンバーとする「個社ＢＣＰワーキンググループ」、及び、国・県・市、関係団体、金融機関など、ＢＣＰの有識者をメンバーとする「外部委員会」（事業継続マネジメントの構築・運用に関する理事会への助言機関）を新たに設置した。このスキームで、会議、先進的な取り組みの視察、被災地の視察、演習等を経て、２０１４年2月に組合ＢＣＰ(第1版)、組合事務局ＢＣＰ及び組合員14社のＢＣＰが完成した。組合、組合事務局、組合員の3層構造の計画づくりは珍しく、また全国で初めて組合と全ての地元組合員がＢＣＰを策定した組合となった。組合ＢＣＰは、①事業継続方針、②初動対応計画、③事業継続・復旧支援計画、④教育訓練・維持管理計画の4部により構成されており、大きな成果を挙げた。[20]

次に、ＡＩＳＯＨＯ企業組合（山形県山形市）が在宅ワーカーのダイバーシティ（多様性）をビジネスモデルに導入したことによって実現した働き方改革への貢献についてみる。[21] この組合では事務局が、クライアントからホームページ作成、情報処理サービス、音声起こしなどのＩＴ関連のアウトソーシング業務、取材・執筆・編集等を受注して、組合員と組合専従の事務局職員、組合員以外の登録在宅ワーカーがお互いに助け合いながら業務を遂行している。在宅ワーカーは女性が多く、職業は様々で障がい者も含まれている。組合は、組合員や登録在宅ワーカーの希望やスキル、家庭の事情等に配慮して分担する業務を決定し、各人はそれぞれ担当業務を請け負う。組合は受注した業務の質の維持・向上のために継続的に登録在宅ワーカーに対する研修を実施している。具体的にはワーカーは組合役員が制作したオンライン講座を受講し、座学による知識の習得やスキルアップを図っている。設立から10年を超え一定の営業基盤を確立しており、子育てや介護、病気や障がいなどの理由により一般の企業で勤務することが難しい多様な主体に、柔軟な働き方が可能な就業の場を提供している。

両組合の取り組みをＣＳＲ・ＳＤＧｓに関連づけてみる。協同組合松江流通センターが策定した３層構造のＢＣＰは全国の先駆けとなるものであり、ＳＤＧｓの目標９に含まれる「レジリエント（強靭）なインフラの整備」と「持続可能な産業化」の実現に寄与するものである。また、ＡＩＳＯＨＯ企業組合のダイバーシティを取り入れたビジネスモデルは日本で課題となっている働き方改革に寄与するだけでなく、ＳＤＧｓの目標８に含まれる「ディーセント・ワーク（働きがいのある人間らしい仕事）」と目標４に含まれる「包摂的かつ公平で質の高い教育」と「生涯学習の機会」の実現に寄与する。

この２つの組合では、ＳＤＧｓの採択前から上記の取り組みを行っている点が注目される。前者が策定したＢＣＰは、組合あるいは組合員の経済的利益には直結しないものの、事業環境の確保に必要な取り組みである。これは、地域の強靭化（目標11）にも資するものであり、ＳＤＧｓの観点からも意義が大きい。また、後者のビジネスモデルは、組合にとって重要なステークホルダーである登録ワーカーに対して柔軟で多様な就業の機会を提供することによって地域でのディーセント・ワークを促進しており、やはりＳＤＧｓにとって意義がある。

日本国内には、中小企業を主たる構成員とする組合（以下では、「中小企業組合」という）が

36、098（2019年3月末時点）あり、様々な事業・活動を行っており、多くの場合地域に根差して事業を行うとともに、上記のようなSDGsに該当する取り組みを行っている。多くの地域住民にとって、中小企業組合は馴染みが薄いと考えられる。しかし、中小企業組合が、その活動の意義を再確認し、マルチステークホルダー・アプローチの一角を担い構成員中小企業のCSR・SDGsを支援するために、能力形成などで従来以上に重要な役割を担うことが期待される。

②その他のステークホルダー

中小企業組合に加えて、商工会議所・商工会といった経済団体や**事例14**で指摘されている税理士・社会保険労務士といった日常的に中小企業と接しているステークホルダーがCSR・SDGsに対する知見を高め、中小企業に対して「平易な」「分かりやすい」言葉を用いて能力形成を行うことが極めて有効と考えられる。特に、中小企業組合、商工会議所・商工会といった「団体」は、序章2（1）で前述したISO26000での中小企業特有の状況に対するメッセージの「（b）集団的取り組み」の中核としても機能しうる。これは組合員中小企業が所在する地域社会の持続可能性の維持・向上にとっても意義がある。

❸ マルチステークホルダー・アプローチによる支援

(1) 公的支援の必要性と支援内容

ＣＳＲとして行われる活動が社会にもたらす便益には、市場での取引にはなじまず効率的な価格設定が難しい部分があることから、理論的には活動の供給量が社会的に必要な量を下回る。このため行政・公的機関からの支援により活動の供給量を引き上げる必要がある。特に、大企業に比較して経営資源が不足している中小企業には公的支援の必要性が高い。

公的支援としては、企業の能力形成に資する省エネ診断、公共工事の受注機会の優遇などの直接的支援のほか、面的地域熱供給の導入などのインフラ整備も間接的支援として有効である（**事例10**）。比較的規模の大きい中小企業には、環境保護と地域社会への貢献について積極的な取り組みが求められるが、ＣＳＲ・ＳＤＧｓを深く理解することは必ずしも容易ではない。このため、横浜型地域貢献企業の認定のような中小企業の能力形成にも寄与する理解しやすい制度は重要である（**事例11**）。

実際、ＣＳＲ・ＳＤＧｓを深く理解している中小企業においては、環境保護に資する設備投資や地域活性化に役立つサービスの開発を行うにあたり、補助金等の公的支援が大きなインセンティブになっている（**事例12、13**）。こうした公的支援は、コストダウンを通じた経営効率の向上、環境保護以外のＣＳＲに取り組む余力の確保、経営システムの高度化などにもつながっている。なお、両事例では地域の生産性向上への貢献というＣＳＲにＩＴが活用されている。これは、近年アフリカでのＳＤＧｓの推進にＩＴの活用が期待されていることと通底しており、日本の中小企業がＣＳＲに取り組むためにも重要なヒントを示唆している。

日本の中小企業では、今のところ行政・公的機関からの直接的かつ経済的な支援に対するニーズが高い一方、能力形成に資する支援策への認識が低い。行政・公的機関には財政面の制約があるため、様々なステークホルダーと連携して、ＣＳＲに関する自らの能力を高めることに資する支援を受けることが中小企業にとっての課題である。

(2) 様々なステークホルダーの取り組み・役割

以上のような状況を踏まえると、行政・公的機関に加えて様々なステークホルダーがマルチステークホルダー・アプローチにより中小企業のＣＳＲやソーシャルビジネスを支援して「ソーシャル・イノベーション」（社会課題の緩和・解消に貢献するイノベーション）を起こすことがＳＤＧｓの実現にとって重要である。換言すると、中小企業がマルチステークホルダー・アプローチで自らの能力形成を行いＣＳＲ・ＳＤＧｓやソーシャルビジネスに取り組むことが求められる。

先ず、非営利組織の取り組みをみると、大学の研究者と連携して中立的な立場から中小企業の能力形成を行っており、公的機関を含む多様なステークホルダー間の信頼関係構築に貢献することの重要性が示されている（**事例14**）。また、ＣＳＲ・ＳＤＧｓへの取り組みにあたりＮＰＯを設立した中小企業もある。非営利組織とすることにより関係者にビジネス目的ではないことを周知するとともに、活動に対する信頼を得ようとしている（**事例15**）[22]。

次に、ステークホルダーである従業員が、自社のＣＳＲ・ＳＤＧｓに関わる場としては、労働慣行の改善に向けて労働組合が経営者と交渉する労使協議が重要である。また、中小企業へのＣＳＲの普及においても労働組合の果たす役割は大きい。連合は「サプライチェーン全体で生み出した付加価値の適正配分」を春闘の方針として掲げており、大企業の労働組合はサプライヤーである中小企業へのＣＳＲの普及の必要性を認識するようになってきている。このため、中小企業へのＣＳＲの普及に関する仕組み作りにおいては、これまで以上に労働組合と企業が協調することが重要になる（**事例16**）。実際、**事例３**でみた国際的労働団体とミズノの協調はミズノ自身のＣＳＲの信頼性だけでなく、海外のサプライヤーにおける人権保護のようなＣＳＲのイシューの信頼性の確保にも寄与しており、マルチステークホルダー・アプローチの有効性が窺われている。

加えて、中小企業と関連の深いステークホルダーの取り組み・役割もＣＳＲ・ＳＤＧｓにとって重要である。例えば中小企業組合については、組合、組合事務局、組合員（中小企業）の３層構造のＢＣＰを構築した組合はＳＤＧｓの目標９、11、在宅ワーカーのダイバーシティをビジネスモデルに導入した組合は目標4、8の実現に貢献している。また、商工会議所・商工会といった経済団体や**事例14**で指摘されている税理士・社会保険労務士といった日常的に中小企業と接しているステークホルダーが中小企業のCSR・SDGsに関する能力形成において担う役割は従来以上に重要なものとなるだろう。

1　2018年7月31日、ニセコ町役場で、企画環境課環境モデル都市推進係長（当時。現、広報広聴係長）の大野百恵氏と同課自治創生係長の川埜満寿夫氏にインタビューを実施した。

2　（筆者注）類似した取組は京都府京丹後市、北海道中頓別町で行われている。

3　2018年7月9日に横浜市経済局の雲丹亀雅彦氏（中小企業振興部経営・創業支援課）、公益財団法人横浜企業経営支援財団の坂本徳博氏（マネジャー（経営支援担当部長）（当時））、及び廣木淳氏（経営支援部経営支援課担当係長）の3氏を横浜市内の同財団に訪ねて、インタビューを実施した。

　横浜企業経営支援財団（IDEC：Industrial Development Corporation）は、中小企業支援法に基づき、横浜市長から指定を受けた市内唯一の「中小企業支援センター」として、中小企業等の経営基盤の安定・強化をはじめ、経営革新、新事業創出、創業の促進を図るための、総合的かつ継続的な支援事業と産業関連施設の管理運営を実施し、横浜経済の活性化と地域社会の健全な発展に寄与することを目的とする公益財団法人。1991年に設立された財団法人横浜市中小企業振興事業団を前身とし、中小企業関連機関の統合を経て、2012年に現在の法人格・名称に移行した（IDEC Web）。

4　2012年3月5日及び2019年4月19日に当社本社で代表取締役社長の林英夫氏にインタビューを実施した。

5　アタックV35を初回として、第2回以降は5年毎に実施している（1987年：アタックV40、1992年：

アタックＶ45、１９９７年：アタックＶ50、２００２年：アタックＶ55、２００７年：アタックＶ60、２０１２年：アタックＶ65)。

6　以下の本文に記載しているもの以外に、ＳＤＧsの目標14と目標17にも取り組んでいる。

7　この結果を受け、中小製造業の生産性向上に貢献することを主眼として、２０１８年６月に「生産性見え太君」の基本ソフトのＷｅｂからの無料ダウンロードを可能にし、分析ソフトについてはクラウド経由での販売を開始した。

8　２０１２年３月２日及び２０１９年７月24日に同社本社で代表取締役社長の中川雅雄氏にインタビューを実施した。

9　事例11では、行政・公的機関による地域貢献企業の認定が経済的支援の優遇を受ける上での要件となっている。

10　事例15は、経営理念に基づくＣＳＲの一環として非営利組織を運営する中小企業の取り組みであることに留意されたい。

11　２０１８年７月９日に神奈川県横浜市でインタビューを実施した。なお、本事例の詳細は、吉田正博『企業永続の法則　地域と結びついた企業は潰れない！』幻冬舎（２０１９）を参照されたい。

12　２０１２年３月12日及び２０１９年５月７日に当社本社で代表取締役社長の松本浩志氏にインタビューを実施した。

13　①お客様の真のよろこびを追求する。数字では表せない領域に「感動」はある、②「オープン」「フェア」かつ「温かみのある」人間関係。チームの和を育む最大の力は「仲間」、③「成功」「失敗」から考え、学ぶ。平等に約束されていることは「成長」。その過程を重視し見守る、④「称賛」「感謝」はすることに価値がある。「いいね！」を増やす、⑤ポジティブに考え、挑む。「どうなるか…」より「どうするか」を追求する、⑥地図のない領域に足を踏み入れる。新しいことに興味を持ち、情熱と創意工夫で切り拓く、⑦チームの多様性を大切にする。聴く耳を持つ、相手の考えを尊重する、⑧率先して楽しむ。「場」をつくり、「雰囲気」

をつくる、⑨組織の一員である以前にひとりの人間として正しいことを追求する。「誰が言うか」ではなく、「何を言うか」を大切にする、⑩マテックスが誇る最高の品質は「信頼」。世代を超えた関係は「信頼」の上に築かれる。

14　住宅施工会社から転籍した当社社員が代表理事、残りの3人が理事を務めている。

15　２０１８年4月18日に都内でインタビューを実施した。熊谷氏は連合（日本労働組合総連合会）の労働法制対策局長、国際局長、経済政策局長を歴任。２００5年よりＩＳＯ２６０００策定の国内委員会、２００７年からＩＳＯ２６０００の国際起草委員を務めた。また、２０１４年にＩＳＯ２０４００策定の国内作業部会の委員も務めた。

16　デジタル革命には、デメリット（例：ＡＩによる自動化で人間の企業内での職場が失われる）とメリット（例：自動化により人間が危険な作業から解放される、あるいはＩｏＴを通じた発電効率の向上により地球温暖化が抑制される）がある。ＣＳＲの観点からは、このメリットとデメリットを整理し企業価値を損なわずに従業員と社会全体にデメリットを上回るメリットを及ぼすことが課題となる。

17　（筆者注）コンゴ民主共和国等の紛争地域で深刻な人権侵害行為を行う武装勢力等の資金源となっている鉱物（スズ、タンタル、タングステン、金）の使用の有無をサプライチェーン全体で調査し、報告する義務を企業に課す規制。

18　（筆者注）フォーチュン・グローバル５００の英米の会社が1年間で１５２億ドルをＣＳＲのために支出したとの報道もある。

19　筒井徹「地域機能継続に果たす中小企業の役割－ＢＣＭ（事業継続マネジメント）と地域防災活動－」商工金融67巻1号33頁（２０１７ａ）、54－57頁の抜粋・要約。２０１６年6月3日のインタビューを基にしている。

　組合の設立は１９９1年、組合員数は27（当時）。組合員の業種は建設資材・設備機器、食料・飲料、電気機械器具他、主な共同事業は金融、共同購買、教育情報、福利厚生、環境整備等である。

20　①事業継続方針には、組合員各社のＢＣＰを横断的に繋げ、個々の企業では不可能・困難な対策、あるいは複数企業の連携により効果がある対策のとりまとめという組合ＢＣＰの位置づけ及びその目的が明示されている。
②初動対応計画では、組合員企業保有資機材一覧を作成している。例えば、組合員企業が独自に飲料水・食料を確保できない場合には、組合は「非常時における組合員企業保有設備等の相互利用規程」に基づき後方支援部に対して保有する流通在庫の提供を要請するとしている。
③事業継続・復旧支援計画は、㈠相互支援、㈡地域貢献、㈢生き残り、の３つの戦略を推進するための手順について定めている。なお、２０１６年２月時点で組合員企業が外部の機関と締結している災害協定は10種類、締結先は90先を超えており、「共助」の意識の高さが窺える。
④教育訓練・維持管理計画は、ＢＣＰの立案、実行、改善・是正の検討を繰り返し、本計画をブラッシュアップしていくマネジメントの方法について定めている。

21　筒井徹「中小企業組合制度を活用した新事業展開」商工金融67巻７号58頁（２０１７ｂ）、70－71頁の抜粋・要約。２０１６年11月28日のインタビューを基にしている。組合の設立は２００４年、組合員数は個人４名（当時）。なお、ＡＩＳＯＨＯのＡＩは、「愛」と「自分」（Ｉ）を意味する。ＳＯＨＯはSmall Office Home Officeの頭文字を意味している。

22　事例15の取り組みの背後には、経営理念に内包されている「地域社会の活性化」というＣＳＲ観があり、その実現のために、ＳＤＧｓを軸とする従業員教育も行い、会社経営全体へのＣＳＲ・ＳＤＧｓの一体化に取り組んでいる。この意味で、序章２（３）でみたように、中小企業のＣＳＲ・ＳＤＧｓにとって社是・社訓・経営理念が重要な規範になっていることが分かる（事例12，13でも同様である）。

補章

中小企業のCSR・SDGsを巡る課題

本章では、これまで言及していない中小企業のCSR・SDGsを巡る様々な課題についてまとめる。

第一に、近年増加している外国人の人権への配慮である。これは持続可能な調達に取り組む大企業などとの取引維持のために重要な課題となっていることと中小企業と関連の深いステークホルダーによる能力形成等の支援の重要性について論じる。

第二に、中小企業にCSR・SDGsへの取り組みを促す間接金融（ESG金融）の推進である。これは、CSR・SDGsに関する金融機関の融資担当者への教育も含めて業界全体で取り組むべき課題である。

第三に、「持続可能な開発のための教育（ESD）」の推進である。企業が持続可能な調達に取り組む原資を確保するためには、ESDを受けた消費者がCSR・SDGsに熱心な企業の製品を購入することが重要である。この意味で消費者と教育機関にも大きな役割がある。

以上の課題への対応が、中小企業へのCSR・SDGsの普及には重要であることを述べる。

❶ 外国人の人権への配慮

持続可能な調達やESG投資の拡大といったグローバルな潮流を背景として、国際的基準からみると不透明とされる日本の産業界の慣行に世界から厳しい視線が向けられている。特に、中小企業組合・商工会議所・商工会を経由して受け入れる技能実習生に対しての一部中小企業による人権侵害行為が問題視されており、その是正のために受入機関が果たす役割も課題となっている。技能実習制度は国際貢献として技能実習生を受け入れるものであり、団体監理型実習では、中小企業組合の一部や商工会・商工会議所が第一次受入機関（監理団体）として実習生を受け入れ、日本での実習と生活についての基本的事項・心構え等に関する研修を施す。この研修後、第二次受入機関である製造業・建設業や農業・漁業関係の事業体でそれぞれの業種で働く際に必要になる技能の実習を受ける。第二次受入機関の多くが中小企業であるが、第二次受入機関での実習生に対する人権侵害行為が近年増加傾向にある。その数は第二次受入機関全体からみると、依然少数にとどまっているものの、序章で述べた「現代奴隷法」（英国）等の制定を受け、**事例2**で指摘されているように国際的なESG投資家や人権NGOs等の要請により、日本のグローバル企業も自社のサプライチェーンに属している中小企業の人権保護を始めとするCSRの履行状況のモニタリングを強化しつつある。これは、一部のサプライヤーのCSR・SDGs に反する不適切な行為が日本企業全体に対する信頼を失墜させるのを防ぐためである。こうした行為を放置すると、サプライチェーンに属す多くの中小企業に対してグローバル企業からの取引縮小の圧力が伝播することが予想されるため、主に第一受入機関による第二次受入機関の能力形成の強化が重要な課題となるだろう。

２０１９年４月から外国人の在留資格として「特定技能」が新設され、企業が特定技能を有する労働者として外国人を直接受け入れることも可能となった。中小企業組合等には受入中小企業に対する制度の趣旨の徹底や受け入れ後のフォロー等の適切な支援を行うことが求められる。一方、中小企業には外国人の人権に一段と配慮することが、販売先（大企業）との取引関係維持とＳＤＧｓ実現のために必要になる。しかし、一部の先進的な中小企業組合と中小企業を除くと、この問題の国際的な重大性に対する認識は現状では高くない。「国際情勢の変化で、『グレーな慣行』がもはや許容されなくなっている」（**事例４**）ため、一般的な中小企業には必要性があまり認識されていない「マルチステークホルダー・アプローチ」による周知活動と能力形成への支援が重要であることが分かる。[1]

❷ 金融機関によるESG金融の推進

間接金融を金融システムの中心とする日本では、中小企業を対象とする「環境格付融資」のような持続可能な金融を行う金融機関(銀行等)は一部にとどまっている。今後、金融機関が中小企業を対象としてＥＳＧを考慮した間接金融(以下では、「ＥＳＧ金融」という)に取り組み、環境・経済の両面から地域社会の持続可能性を高めることが課題となっている。[2]

多くの中小企業は資金調達を金融機関からの借入に依存しているため、金融機関は融資先中小企業の経営状況・事業内容を把握できる立場にある。このため、中小企業へのＥＳＧ金融を拡大し、ＣＳＲ・ＳＤＧｓへの取り組みを金融面から支援することが期待されている。しかし、ＣＳＲ・ＳＤＧｓへの取り組みは価格設定が難しいため、取り組みに要する費用と得られる便益の大小関係の計測も困難である。従って、金融機関がＥＳＧ金融を推進することは必ずしも容易ではない。

ただし、金融機関が積極的に中小企業に対してＣＳＲ・ＳＤＧｓへの取り組み・準備を行うように働きかける動機を持つケースがある。例えば、温室効果ガス排出削減を目的として欧州や中国では目標年次を定めて、自動車の動力をガソリンから電気に切り替える方針であり、これを受けて日本のセットメーカーも自社が取り組むＣＳＲ・ＳＤＧｓの一環としてこの方針に対応する必要がある。必然的に、ガソリンエンジン等の部品の中小サプライヤーは収支が悪化する可能性が高まる。中小サプライヤーへの資金供給に際して、金融機関は何らかの対策を講じるようにエンゲージメント(働きかけ)を行う必要が生じる。こうした環境問題への対応状況を見越して、メガバンクは既にＥＳＧあるいはＳＤＧｓを重視する見地から、貸出資産の将来的なリスクの精査を開始している模様である。[3]

一方、中小企業は、金融機関からの働きかけに迅速かつ真摯に対処することが、CSR・SDGsの観点からだけでなく安定的な資金調達にとっても重要である。しかし、中小企業の資金調達に占める金融機関借入の比率は１９９０年代の金融危機以降長期的に低下傾向で推移しているため、中小企業に対して金融機関が及ぼすことのできる影響力も低下している可能性がある。この状況を改善するためには、中小企業に直に接触する金融機関の融資担当者自身がCSR・SDGsを深く理解し、中小企業経営者の「肚に落ちる」ようにその必要性を粘り強く説明することが重要である。これには、金融業界が全体として取り組む必要がある。[4]

なお政府は、金融機関による中小企業へのESG金融のスキームの開発を側面的に支援する取り組みの必要性を認識しており、特に環境保護に資する資金供給のモデル事業を開始しようとしている。[5]

❸「持続可能な開発のための教育（ESD）」と消費者・教育機関の役割

BtoB型の事業を営んでいる中小企業は通常消費者と直接取引をすることはない。しかし、消費者は「持続可能な調達」を行うBtoC型の大企業への影響力を持っているため、中小企業にCSR・SDGsを普及させる上で、間接的ながらもステークホルダーとして影響力を行使できる立場にいる。例えば、持続可能な調達が行われるようになった背景には、**事例3、7**にみられるように人権団体等による消費者への不買運動等が業績に悪影響を及ぼすのを防ぐために、グローバル企業がＮＧＯｓ等と連携して「グローバルなパートナーシップ」（ＳＤＧｓの目標17）、即ちマルチステークホルダー・アプローチで環境・社会面の課題に取り組むようになったことがある。

事例４では、大企業の１次サプライヤーが自らのサプライヤー（大企業からみると、２次サプライヤー）に対してＣＳＲ監査を実施することによって、大企業の持続可能な調達に協力している。ただ、監査には費用がかかるため、取引条件面での配慮がＣＳＲ調達の持続性にプラスになる可能性も指摘されている。このため、持続可能な調達の定着には、大企業がサプライヤーに取引面で配慮するための財源が必要であり、この財源確保には、消費者がＣＳＲ・ＳＤＧｓに熱心に取り組む（大）企業からの購入を優先することが不可欠である。このような消費に対する姿勢あるいは実践を「持続可能な消費」と呼ぶが、**事例２**からは日本国内では根付いていない様子が窺われている。このため、消費者がＣＳＲ・ＳＤＧｓの意義を理解するための教育、即ち「持続可能な開発のための教育（ＥＳＤ）」が必要となる。

換言すると、教育機関が行うＥＳＤを通じて消費者がＣＳＲ・ＳＤＧｓに関する認識を高めて「持続可能な消費」を行うことにより、「持続可能な調達」を行う大企業のサプライヤーである中小企業のＣＳＲ・ＳＤＧｓへの取り組みを支援することになる。そのためには、初等教育段階から、消費者のビヘイビアが企業の生産活動を通じて、環境・社会の持続可能性にどのような影響を及ぼすかについての教育の一層の充実が必要である。[6]

なお、大学等の高等教育機関等が中小企業のCSR・SDGsに関する研究を深め、中小企業のステークホルダーとして能力形成に直接的に貢献することも重要な課題である。

1　中小企業組合、商工会議所・商工会、業界団体、税理士・社会保険労務士等の中小企業との関連が深いステークホルダーの上部団体や同業者団体の役割も重要性を増すだろう。

2　環境省ESG金融懇談会では、ESG投資（直接金融）と地域金融機関によるESGを考慮する間接金融を合わせてESG金融と呼んでいるが、本書では後者（間接金融）だけを「ESG金融」と呼ぶこととする。

3　一方、地域金融機関では一部を除いてこのような取り組みはあまり進んでいない模様であり、SDGs等に関する組織的な理解とその業務への展開が課題となっている。

4　こうした取り組みの萌芽として、全国銀行協会内に設置された金融調査研究会（座長兼主査：清水啓典一橋大学名誉教授）は、2019年3月に「SDGsに金融はどう向き合うか」を公表した。

5　前述した自動車産業の例のように、環境(E)の保護への対応は企業の生存に不可欠になりつつあるためESG金融に馴染みやすい。一方、S（社会）に貢献する企業がCSRから受け取る便益は計測困難なため資金供給スキームの構築がより難しい。

6　このような教育は「消費者市民教育」と呼ばれ、特に北欧で積極的に推進されている。

終章 中小企業はCSR・SDGsにどのように取り組むのか

本章では、全体を要約（第1節）した後に、15年にわたる筆者の経験も踏まえた切なるメッセージとしてCSR・SDGsの普及のための留意点を、中小企業を支援するステークホルダー（第2節）と中小企業（第3節）の両サイドから述べる（なお、本章では企業の商号の内、法人格を省略し、一部の企業はホームページでの一般的な呼称を使用する）。

❶ 各章の要約

（序章）

CSR（企業の社会的責任）・SDGs（持続可能な開発目標）が注目される背景として、グローバリゼーション、NGOs（非政府組織）の台頭、ESG投資の普及、企業不祥事の続発、財政制約に伴う官民連携の必要性の高まりなどがある。CSRの目的は、「持続可能な開発」の実現であり、「経済」だけでなく「環境」「社会」も重視するという「トリプルボトムライン」の考え方が中核的な理念になっている。CSRに取り組むにあたってはステークホルダーの意見・利害を尊重することが重要である。また、CSRの普及に向けては、ISO26000（社会的責任）などの規格・規範等の果たす役割が大きく、多様なステークホルダーが連携して課題に取り組む「マルチステークホルダー・アプローチ」も重要である。

最近、注目が集まっているSDGsの基本理念は「誰一人取り残さない」であり、「未来から逆算して現在の取り組みを考えること（バックキャスティング）」が重要とされている。国内外で普及に向けた取り組みが行われており、日本でも経団連がSDGs達成を目指して「企業行動憲章」を改訂するなどの機運は高まっているが、日本の大企業経営者のSDGsに対する認知度は欧州企業を下回る状況にある。CSRとの関連については、SDGsは企業がCSRに取り組むにあたっての目安であるということができる。

中小企業とCSRの関わりについては、日本には近江商人の「三方よし」の商道徳、渋沢栄一の「道徳経済合一説」などCSR観の源流ともいえる思想がある。加えて、オーナー経営が主流である中小企業では組織の仕組みが簡素であるため、経営者が自社の経営理念あるいはCSR観を従業員に浸透させやすい。しかし、現代的な社会課題に関する潮流を背景とするCSR・SDGsに対する認識は一般的な中小企業では高くない。

こうした中、グローバル企業による「持続可能な調達」の広がりや東京オリンピック・パラリンピックでの「持続可能性に配慮した調達コード」の制定など中小企業のCSR・SDGsを巡る環境に変化が生じている。

（第1章）

グローバル企業において持続可能な調達が経営課題となるなか、そのサプライチェーンに属している中小企業にもCSR・SDGsへの取り組みが求められつつある。本章では、持続可能な調達に取り組む大企業3社（**事例1〜3**）と、大企業の持続可能な調達に協力する中小サプライヤー2社（**事例4、5**）のCSRを取り上げた。

NEC（**事例1**）はCSR調達において中小サプライヤーとともに社会価値の共創を目指している。全サプライヤーを対象とした経営陣のための情報セキュリティについての勉強会の開催や、CSRに関する監査も行っている。また、ソーシャルビジネスを行う中小企業への支援も行っている。味の素（**事例2**）はバリューチェーン全体でのWin-Winの関係を目指し中小企業のCSRを支援している。「サプライヤーCSRガイドライン」に沿った取り組みを依頼するほか、安心・安全の基礎となる品質管理に関しては自らが監査を行っている。ミズノ（**事例3**）は最先端のCSR調達体制でサプライチェーンのリスク管理を行っている。重要な一次サプライヤーに対しては工場を直接訪問し、3年毎に「ミズノCSR調達行動規範」の遵守状況について監査を実施しているほか、国際的な労働団体や人権NGOと連携して監査の信頼性を確保している。

先駆的な中小サプライヤーは自社内にCSRの実践を一体化（統合）した経営システムを整備

している。

トーヨーニットグループ（**事例4**）は販売先であるミズノに協力して、持続可能な調達に自ら取り組んでいるサプライヤーである。ミズノの監査では協力工場・外注先工場も対象となるため、そうした工場への監査も行う体制を構築している。穂海農耕・穂海（**事例5**）は持続可能な農業の継続的な高度化を通じて大手外食産業に向けて米穀を安定的に供給するサプライヤーである。GAP（持続可能な農業のための生産管理システム）を導入して高生産性の米作を行うほか、人財育成・地域活性化に取り組んでいる。

持続可能な調達をサプライチェーン全体に広めていくためには、業界での監査規格の共通化、サプライヤー内部でのCSRに関する能力形成、従業員通報窓口の設置、CSRに取り組む企業の商品を優先して購入する消費者の意識の高まり、などが必要である。

（3）第2章

政府はSDGsに積極的に取り組む組織を顕彰するために、2017年から「ジャパンSDGsアワード」を主催している。本章では、同アワードにおいて受賞した先進的中小企業4社を取り上げた。

大川印刷（**事例6**）は、「環境経営」「環境印刷」を標榜しSDGsを経営の軸としてCSRに取り組むソーシャルプリンティングカンパニーである。石油系溶剤を使わないインキやFSC認証紙の使用や本社工場の再生可能エネルギー100%化の実現など環境配慮型の印刷に注力している。こうした取り組みが評価され、環境保護を重視する外資系企業等との取引の開始につながっている。

サラヤ（事例7）は、「衛生」「環境」「健康」を事業の柱としてSDGsに寄与するビジネスをグローバルに展開するCSR先進企業である。原料調達の安定性を確保するために、持続可能なパーム油のための枠組み（RSPO）の構築に参加するとともにマレーシアで生物多様性維持に貢献し、その活動が消費者向けのマーケティングに寄与している。加えて、環境保護関連では太陽光発電やリサイクルなど、社会貢献活動として途上国の衛生状態の改善、ユニバーサルデザインの導入など幅広い取り組みを行っている。

会宝産業（事例8）は、中古自動車部品の資源循環プラットフォームを世界各国で運営し、自動車部品のリサイクルの静脈産業側でのリーダー的役割を果たしている。当社のビジネスモデル自体がSDGsの実現に寄与するものとなっている。

日本フードエコロジーセンター（事例9）も静脈産業に属している。食品販売業者から受け入れた食品廃棄物を原料として、環境への負荷が低く安全性の高い液体状飼料を生産し、これを養豚農家に販売している。この飼料により生産された豚肉が食品販売業者を通じて販売されており、このような「リサイクル・ループ」の構築により、食品廃棄物を資源化し新たな価値を創造している。

事例に取り上げた中小企業はいずれもＣＳＲ・ＳＤＧｓを経営と一体化させることによって、社会課題の緩和・解消に寄与するビジネスを他の企業に先駆けて行っている。また、海外での活動を積極的に行っている企業もみられ、日本の中小企業も世界的な社会課題の緩和・解消に直接的に貢献し、ＣＳＲ・ＳＤＧｓへの取り組みとビジネスを両立させている。

(第3章)

本章では、中小企業のＣＳＲ・ＳＤＧｓに対する多様なステークホルダーの支援について論じた。

先ず、行政・公的機関による支援を取り上げた。ＳＤＧｓ未来都市に選定されたニセコ町 **(事例10)** は、経済・環境・社会の持続可能性の向上を目指しており、中小企業に対しても様々な支援を行っている。横浜市及び横浜企業経営支援財団は、「地域を志向するＣＳＲ（地域ＣＳＲ）」を盛り上げるために、「横浜型地域貢献企業支援制度」**(事例11)** を創設した。地域貢献活動に取り組んでいる企業を「横浜型地域貢献企業」として認定し、認定企業に対して認定証・認定マークの付与、低利融資制度の資格認定など様々な支援を行っている。この制度はＣＳＲ・ＳＤＧｓに関する中小企業の能力形成にも寄与している。

次に、公的支援を利用してＣＳＲ・ＳＤＧｓに取り組む中小企業2社を取り上げた。武州工業 **(事例12)** は、省エネに関する助成金を受給して、本社事務棟に太陽光発電装置、新工場に太陽光発電装置とガスコージェネレーション発電システムを導入して環境保護に貢献するほか、自社の先端的な生産システムの近隣企業への普及を通じて地域経済の活性化にも貢献している。中川(事例13)は、地域活性化のために公的補助金を活用して、袢天等の祭用品にICタグを内蔵することで貸出管理を効率化するほか、販売先である神社・町内会が行う例大祭等の行事の案内、参加者の管理などを包括的に支援するシステムの構築を進めている。また、両事例からは、CSR・SDGsに対するIT活用の有効性も窺われている。

SDGsに関するアンケートによると、中小企業はCSR・SDGsに取り組むにあたって直接的に効果が得られる公的支援(直接金融支援や補助金など)に対するニーズが高い。一方、一般的な中小企業ではCSR・SDGsの国際的な潮流に関する認知度が十分に高まっていないこともあり、能力形成に寄与するセミナー・シンポジウムに対するニーズは低い。加えて、認知度向上や能力形成に寄与しマルチステークホルダー・アプローチでの支援の基盤となる地域関係者のネットワーク構築についてもニーズが低い。

このような状況は改善を要するため、様々なステークホルダーの取り組み事例などを基に、マルチステークホルダー・アプローチでの中小企業に対する能力形成の支援等について論じた。

先ず、非営利組織の支援に言及した。永続的成長企業ネットワーク(事例14)は、地域に愛される永続企業の増加を目指して活動を行っており、経営学の研究者と代表者が企業を訪問して永続企業を目指すための地域CSRに関する助言などの能力形成に取り組んでいる。マテックス

（事例15）は、ビジネス目的ではないことを周知し活動に対する信頼を得ることを目指して、自ら非営利組織を設立してCSR・SDGsに取り組んでいる。

次に、労働組合の役割をみると、従業員が自社のCSR・SDGsに関わる場として労使協議の場が重要であり、中小企業へのCSRの普及に関する仕組み作りにおいては、労働組合と企業の協調が重要になる**（事例16）**。

加えて、中小企業と関連の深いステークホルダーの取り組み・役割の重要性も論じた。中小企業組合（中小企業を構成員とする組合）については、自身がSDGsに該当する取組を行なっている。また、商工会議所・商工会といった経済団体や税理士・社会保険労務士といった日常的に中小企業と接しているステークホルダーが中小企業のCSR・SDGsに関する能力形成において担う役割は従来以上に重要なものとなるだろう。

（補章）

これまで言及していない中小企業のCSR・SDGsを巡る様々な課題についてまとめた。

第一に、近年一段と重要性が高まっている外国人の人権への配慮である。ESG投資家やNGOs等の要請により、日本のグローバル企業も自社のサプライチェーンに属している中小企業の内部での人権保護の状況についてモニタリングを強化しつつある。不適切な行為を放置すると、グローバル企業からの取引縮小の圧力が及ぶことが予想される。

第二に、中小企業のCSR・SDGsへの取り組みを促すESG金融の推進である。金融機関が中小企業へのESG金融を推進することは容易ではないが、大企業の環境問題への対応などにより中小サプライヤーの収支が悪化する可能性もあり、メガバンクでは対応が進み始めている模様である。なお、ESG金融の推進は、CSR・SDGsに関する金融機関の融資担当者への教育なども含め、業界全体で取り組むべき課題である。

第三に、持続可能な開発のための教育（ESD）の推進である。持続可能な調達に取り組む原資を確保するためには、ESDを受けた消費者がCSR・SDGsに熱心な企業の製品・サービスを優先的に購入するなどの対応が重要である。そのためには、初等教育段階から、消費者の行動が企業の生産活動を通じて環境・社会の持続可能性にどのような影響を及ぼすかについての教育を充実させる必要がある。また、大学等の高等教育機関がCSR・SDGsに関する研究を深め中小企業の能力形成に貢献することも重要な課題である。

❷ ステークホルダーが中小企業のCSR・SDGsを支援する際の留意点

次に、中小企業がCSR・SDGsに取り組むことを期待し支援する立場にあるステークホルダーは、どのようなスタンスを採るべきかについての留意点を箇条書きで示す。

①中小企業は多様であり、さまざまな困難に囲まれている実態を理解しよう。
②中小企業にとって分かりやすい言葉でＣＳＲ・ＳＤＧｓの必要性を伝えよう。
③合理性・必要性を感じなければ中小企業は動かないが、株主を兼ねる経営者の肚に落ちれば動く。ただし、すぐにはＣＳＲ・ＳＤＧｓの全てのイシューに取り組めない場合があることも理解しよう（特に、持続可能な調達を行う大企業は中小サプライヤーの実情を理解して、強制ではなく支援的なスタンスで粘り強く取り組もう。自社の調達担当者にもこのスタンスを周知しよう）。
④行政・公的機関、中小企業に影響力を持つステークホルダー（商工会議所・商工会、業界団体、中小企業組合、税理士・社会保険労務士等。これらの上部団体を含む）は中小企業に粘り強くＣＳＲ・ＳＤＧｓの必要性を周知しよう。
⑤行政・公的機関は中小企業がＣＳＲ・ＳＤＧｓに取り組むインセンティブの仕組みを工夫しよう（地域ぐるみのモデル事業、地域貢献企業の認定制度、部分的な経済支援、ビジネス面での側面的な支援、インフラの整備等）。
⑥ＮＰＯ等の市民社会組織（ＣＳＯｓ）は「要求・強制」ではなく「支援」のスタンスを重視しよう。また、粘り強く長期的に取り組もう（短兵急な「要求・強制」は中小企業の反発を招きかねない）。
⑦金融機関は持続可能な金融の体制を構築・拡大しよう。その際、公的機関が開発するスキーム

（例：公的機関からの利子補給）の活用等の要否も検討しよう。

⑧消費者はＣＳＲ・ＳＤＧｓに熱心な企業の製品・サービスを優先的に購入する姿勢を持とう。

⑨教育機関はＣＳＲ・ＳＤＧｓに関する教育（ＥＳＤ）と研究を進めよう。

⑩全てのステークホルダーは中小企業がＣＳＲ・ＳＤＧｓに取り組んだ結果、Ｗｉｎ－Ｗｉｎになることを目指そう。また、この取り組みには長い年月がかかることを認識しよう。

❸ 中小企業がＣＳＲ・ＳＤＧｓに取り組む際の留意点

以下では、これまでの議論を踏まえて、中小企業の経営者あるいはＣＳＲ担当者が社内でＣＳＲ・ＳＤＧｓに取り組むためのポイントを、前節と同様に箇条書きで列挙し、多くの中小企業の理解を促したい。

①自社の経営を取り巻く環境に変化がないかを常に見直そう（法令には違反していないため従来は問題視されていなかったグレーな慣行が国内外で問題になっていないか、等）。

②環境変化を踏まえて経営理念をアップデートしよう（多くの経営理念には自社が社会に貢献するスタンスが含まれているので、それをアップデートする）。

③２種類のステークホルダー（自社の事業が重大な影響を及ぼしているステークホルダーと自社

の事業にとって重要なステークホルダー）を考え、経営資源を踏まえてＣＳＲ・ＳＤＧｓに貢献できる取り組み内容を決めよう（その際、ＩＳＯ２６０００や自社の事業と関わりの深い規格等を参考にしよう）。

④「将来」のあるべき姿の推測から「今」先駆的に取り組めば事業の発展につながる可能性がある社会課題を考えよう。その際、取り組みにＩＴを活用できるかどうかも検討してみよう。

⑤社内の意思統一のために経営者は自社の経営理念とＣＳＲの方針に対する理解を従業員に求める努力をしよう（経営理念とＣＳＲの意義を繰り返し説明することが重要である）。

⑥自社に不足している経営資源を持っている社外のステークホルダーと連携すること、あるいは行政・公的機関からの支援を受けることができるか考えよう（ステークホルダーが信頼できるかどうかを判断するためには、そのスタンス（前節参照。支援的か、強制的か等）を確かめよう）。

⑦多様なステークホルダーの知恵も借りて、無理のないところから具体的な計画を立てて長期的に取り組もう（ただし、労働者等の人権保護を含む法令遵守は必須の最優先事項である）。

⑧実行した結果を自己評価しよう。連携しているステークホルダーの評価を受けることも検討してみよう。

⑨自社が行っているＣＳＲの客観的な評価の材料として、自社の事業分野と関わりの深い規格等の認証を取得することも検討しよう。その際、社内体制の整備等、経営の高度化に活用しよう。

⑩時間をかけて、CSRとして取り組むイシューを増やすことを検討しよう（①に戻る）。

本章では、（1）総まとめ、（2）ステークホルダーが中小企業のCSR・SDGsを支援する際の留意点、（3）中小企業がCSR・SDGsに取り組む際の留意点を通じて、CSR・SDGsに取り組むことによって中小企業が経営をどのように高度化しうるかについてのメッセージを筆者の職務上の経験も踏まえて整理した。

最後に、「持続可能な調達」の潮流を始めとする国際情勢に対する理解を深め、長期的に自社の存続と発展にCSR・SDGsを活かして地球全体の発展を目指すという視点に立つ経営が「CSR経営」であることを理解し実践することが中小企業にも求められていることを強調しておく。

おわりに

本書は、藤野洋主任研究員が執筆した以下の既発表論文を基にしている。

①「中小企業の社会的責任（CSR）に関する調査」（商工金融　平成24年8月号）

②「『企業の社会的責任（CSR）』に関する研究－中小企業への適用についての考察－」（商工金融　平成24年9月号）

③「『企業の社会的責任（CSR）』に関する研究－中小企業の経営理念と『企業の社会的責任（CSR）』に関するケーススタディー－」（商工金融　平成24年10月号）

④「コーポレートガバナンスと中小企業－中小企業の生産性向上を促す『攻めのガバナンス』－」（商工金融　平成29年12月号）

⑤「CSR（企業の社会的責任）・SDGs（持続可能な開発目標）と中小企業－ケーススタディにみる持続可能な調達とマルチステークホルダー・アプローチ－」（商工金融　平成30年12月号）

なお、本書の作成にあたり、新たなインタビュー調査と大幅な加筆、修正を行った。また、原論文の参考文献については掲載誌「商工金融」を参照されたい。

本書の執筆に際して、ご多忙中にもかかわらず多くの機関の方々に時間を割いてインタビューにご協力いただいたことに改めてお礼を申し上げる。

執筆者紹介

藤野　洋（ふじの　ひろし）

一般財団法人商工総合研究所主任研究員

一橋大学経済学部卒業後、商工中金を経て商工総合研究所に入所。

商工中金では渋谷、仙台、熱田の３支店で中小企業金融の現場を経験し、本部で調査業務に従事。また、同社在籍時には社団法人日本経済研究センター（当時）と東京商工会議所（東商）に各２年間出向。商工総合研究所入所後は中小企業の産業・金融構造の調査研究及び情報提供事業に従事。

「企業の社会的責任（ＣＳＲ）」との職務上の関連については、東商出向時にＣＳＲ委員会の事務局スタッフとして、「企業行動規範」（第２版）の作成（途中まで）と日本規格協会（ＪＳＡ）「ＩＳＯ／ＳＲ国内対応委員会」の東商代表委員の補佐に従事。また、企業活力研究所「ＣＳＲ委員会」（平成17年度）、ＪＳＡ「ＩＳＯ／ＳＲ普及委員会」（平成26年度）等の委員を歴任。

中小企業経営に生かす CSR・SDGs
－持続可能な調達の潮流と CSR 経営－

2020年 1 月 1 日　初版発行
定価：本体1,500円＋税
編集・発行　一般財団法人　商工総合研究所
〒135－0042
東京都江東区木場５-11-17　商工中金深川ビル
ＴＥＬ　03（5620）1691（代表）
ＦＡＸ　03（5620）1697
ＵＲＬ　https://www.shokosoken.or.jp/
発 売 所　官報販売所
印 刷 所　三晃印刷株式会社

ISBN978-4-901731-33-1　C2034　￥1,500 E